Cahier d'activités

COLETTE SAMSON

Chez Ratafia

1A

Lis et entoure à chaque fois le mot correct !

Livre de l'élève p. 2
GP p. 6

Regarde le parc !
On peut faire **du** / **au** roller.
On peut jouer **du** / **au** tennis. On peut aussi **faire** / **jouer** aux billes.
On peut faire **à la** / **de la** voile ?
On peut jouer **de la** / **à la** flûte ou jouer **de l'** / **à l'** accordéon.
On peut aussi jouer **du** / **au** ballon ! On ne peut pas faire **du** / **au** cheval… mais on peut jouer **de la** / **à la** poupée !

1B

Complète le tableau !

Livre de l'élève p. 2
GP p. 6

le roller	les billes	la flûte	le tennis	les tours de magie
le ballon	le cheval	l'accordéon	la voile	la guitare
l'escalade	le football	le violon	le saxophone	la poupée

faire…	jouer… (sports et jeux)	jouer… (instruments de musique)
du roller		

| le → du | l' → de l' |
| la → de la | les → des |

| le → au | l' → à l' |
| la → à la | les → aux |

Rappel :
de + le = du ; de + les = des   à + le = au ; à + les = aux

Regarde les questions A et complète les questions B !

Livre de l'élève p. 3
GP p. 8

Complète les tableaux !

Livre de l'élève p. 3
GP p. 8

habiter	s'appeler	faire	pouvoir
J'habite	Je m'	Je	Je ....
Tu	Tu t'	Tu	Tu ....
Il	Elle s'	Il	Elle ....
Nous	Nous nous appelons	Nous	Nous ....
Vous	Vous vous	Vous faites	Vous ....
Ils	Elles s'	Ils	Elles peuvent

3A

Trouve les questions !

Livre de l'élève p. 4
GP p. 10

Qui a les yeux verts ?

La fille de Malicia a les yeux verts.

....?

Il s'appelle Merlin.

....?

Oui, Malicia aime les chats.

....?

Elle vend du pain, des sandwichs, des gâteaux et des glaces.

....?

Elle aime faire des tours de magie, faire du vélo et voler.

....?

Son mari a un bateau.

....?

Non, ils ne trouvent jamais de trésors !

3B

Réponds !

Puis interviewe un(e) camarade !

Livre de l'élève p. 4
GP p. 10

Moi	un peu	beaucoup	pas du tout
Tu fais du sport ?			
Tu aimes l'école ?			
Tu écoutes de la musique ?			
Tu regardes la télévision ?			
Tu aimes lire ?			
Tu aimes les glaces ?			
Mon voisin, ma voisine	un peu	beaucoup	pas du tout
Tu fais du sport ?			
Tu aimes l'école ?			
Tu écoutes de la musique ?			
Tu regardes la télévision ?			
Tu aimes lire ?			
Tu aimes les glaces ?			

Unité 1 — LEÇON 4

Prononciation

voilà ☐		toi ☐	
moi ☐		au revoir ☐	
vous ☐		tous ☐	
pour ☐		bonjour ☐	

Score : ... / 8

Virelangue :
Voilà pour toi ! Voilà pour moi !
Voilà pour toi et moi !
Voilà pour vous ! Voilà pour nous !
Voilà pour vous et nous !

Score : ... / 4

 4A
Ecoute et répète !

 4B
Ecoute et répète le virelangue !
GP p. 12

Test

1 Bonjour ! Tu vas bien ?
....
2 Tu as quel âge ?
....
3 Tu habites à la ville ou à la campagne ?
....
4 Qu'est-ce que tu aimes faire ?
....
5 Qu'est-ce que tu n'aimes pas du tout ?
....

Score : ... / 8   Score : ... / 10

 4C
Ecris les mots !

Puis réponds aux questions !

Auto-évaluation

Total : ... / 30 points

Dico-mémento

 4D
Fabrique ton dico-mémento et contrôle ce que tu sais !

Projet — L'interview

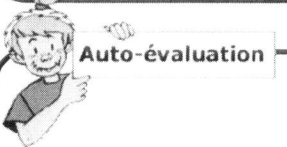

1	2	3	4

Prends du papier et un stylo.	Ecris cinq ou six questions.	Pose les questions et note les réponses.	Présente ton interview !

 4E
Organise ton projet !

5

Le départ

Regarde bien les phrases puis complète le tableau !

Livre de l'élève p. 6
GP p. 14

Je pars
Tu ....
Il (elle) ....
Nous ....
Vous ....
Ils (elles) ....

Ecris les bons adjectifs sous la bonne image !

Livre de l'élève p. 6
GP p. 14

jolie   fatigué   fatiguée   intelligent   intelligente   timide
méchant   méchante   grand   grande   gentil   gentille   fâché   fâchée

Elle est jolie.   Il est ....   Elle est ....   Il est ....
Elle est ....   Il est ....   Elle est ....   Il est ....
Elle est ....   Il est ....   Elle est ....   Il est ....

Unité 2 — LEÇON 2

👍 = ...	👍l✱x ✱👍 Z❤✱ p✱r✱n👍 ✱v✱c M✱mi✱ ✱👍
✱ = ...	Cr❤qu✱👍❤u👍 . Ils v❤n👍 f✱ir✱ l✱ 👍❤ur du m❤nd✱ !
❤ = ...	R✱👍fi👍 v✱u👍 p✱r👍ir ✱ussi , m✱is Z❤✱ n'✱im✱ p✱s
👍 = ...	R✱👍fi👍 . ✱ll✱ ✱s👍 m✱ch✱n👍✱ , idi❤👍✱ ✱👍 m❤ch✱ .
	Z❤✱ d✱✱s👍✱ ✱ussi s❤n r✱👍 Pus👍ul✱ : il ✱s👍
	d✱g❤û👍✱n👍 .
	👍l✱x ✱ un✱ id✱✱ g✱ni✱l✱ : il v✱u👍 visi👍✱r d✱s
	p✱ys du m❤nd✱ ❤ù ❤n p✱rl✱ fr✱nç✱is .
	Cr❤qu✱👍❤u👍 ✱mp❤r👍✱ du fr❤m✱g✱ , d✱s
	s✱ndwichs , d✱s g✱👍✱ux : il ✱ p✱ur d'✱v❤ir f✱im !

2A

Découvre le code !

Puis écris le texte !

Livre de l'élève p. 7
GP p. 16

Regarde bien et complète les bulles !

Livre de l'élève p. 7
GP p. 16

1

J'aime beaucoup Colombine. Je suis très jaloux.

Il est trop jaloux !

2

Je déteste les enfants. Je suis .... méchante.

Elle est .... !

3

Je travaille beaucoup ! Je suis .... fatiguée.

Elle est .... !

4

J'aime .... les maths. Je suis .... intelligent !

Il est .... !

Relie les mots aux dessins !

Puis complète !

Livre de l'élève p. 8
GP p. 18

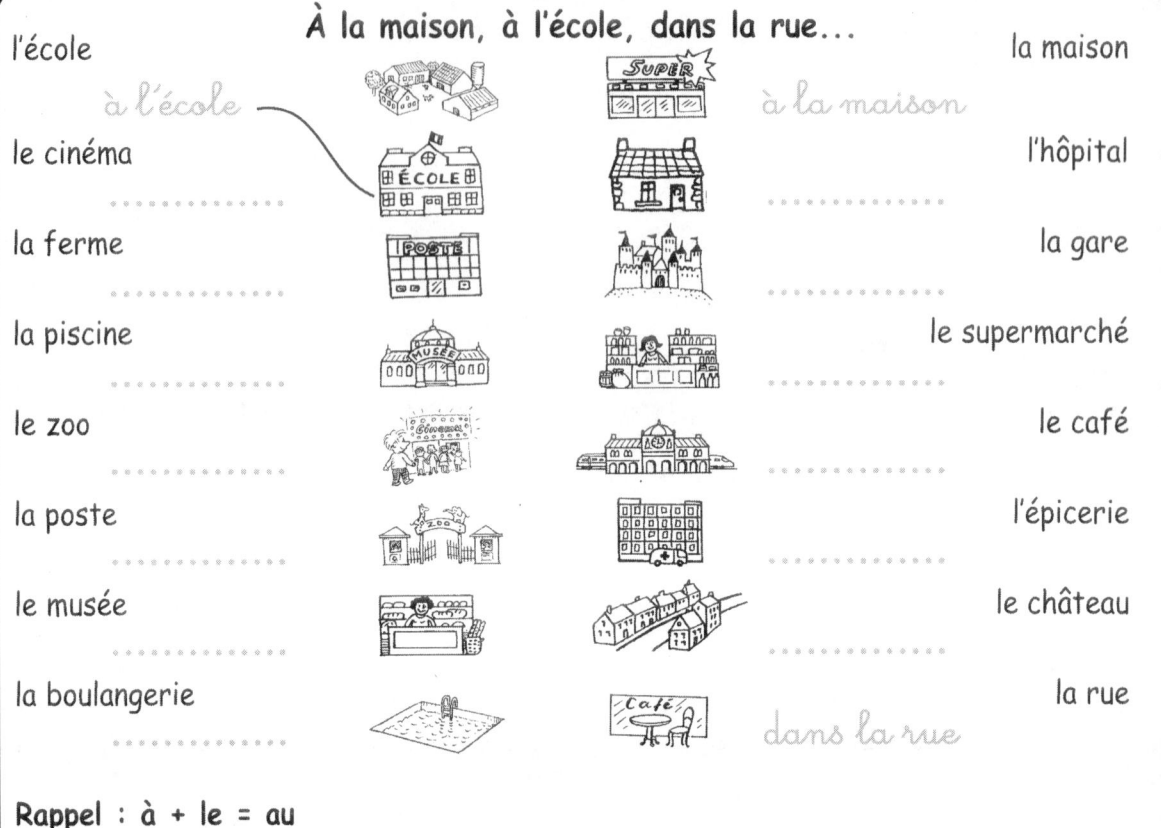

À la maison, à l'école, dans la rue...

l'école			la maison
le cinéma	à l'école	à la maison	l'hôpital
la ferme			la gare
la piscine			le supermarché
le zoo			le café
la poste			l'épicerie
le musée			le château
la boulangerie		dans la rue	la rue

Rappel : à + le = au

Ecris les noms des pays !

Livre de l'élève p. 8
GP p. 18

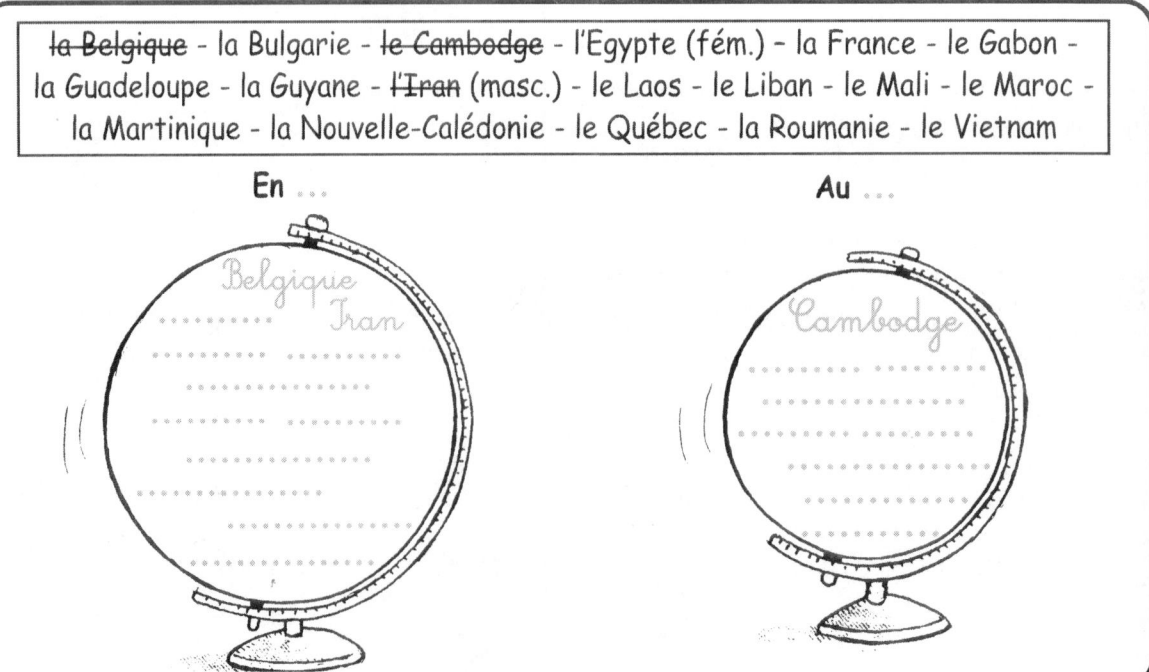

~~la Belgique~~ - la Bulgarie - ~~le Cambodge~~ - l'Egypte (fém.) - la France - le Gabon - la Guadeloupe - la Guyane - ~~l'Iran~~ (masc.) - le Laos - le Liban - le Mali - le Maroc - la Martinique - la Nouvelle-Calédonie - le Québec - la Roumanie - le Vietnam

En ...   Au ...

Belgique   Cambodge
Iran

Unité 2 — Leçon 4

Prononciation

chocolat	☐	jaloux	☐
pêche	☐	beige	☐
chambre	☐	jambe	☐
chanter	☐	manger	☐
chat	☐	gentil	☐
choux	☐	jouet	☐

Score : ... / 12

Virelangue :
Un gentil chat mange du chocolat !
Un chat jaloux mange des choux !

Score : ... / 4

4A Ecoute et répète !

4B Ecoute et répète le virelangue !
GP p. 20

Test

1 On parle français dans ton pays ?

2 On parle français à la maison ?

3 On parle français à la télévision ?

4 On parle français dans la rue ?

5 On parle français à l'école ?

Score : ... / 8   Score : ... / 10

4C Ecris les mots !

Puis réponds aux questions !

Auto-évaluation

Total : ... / 34 points

Dico-mémento

4D Fabrique ton dico-mémento et contrôle ce que tu sais !

Projet — Le français autour de nous

1 Prends du papier et un stylo.

2 Sors dans la rue ou regarde la télévision.

3 Note les mots français que tu vois ou que tu entends.

4 Compare avec tes camarades !

4E Organise ton projet !

Unité 3 - Leçon 1

Entre mer et montagne

Complète !

Livre de l'élève p. 10
GP p. 22

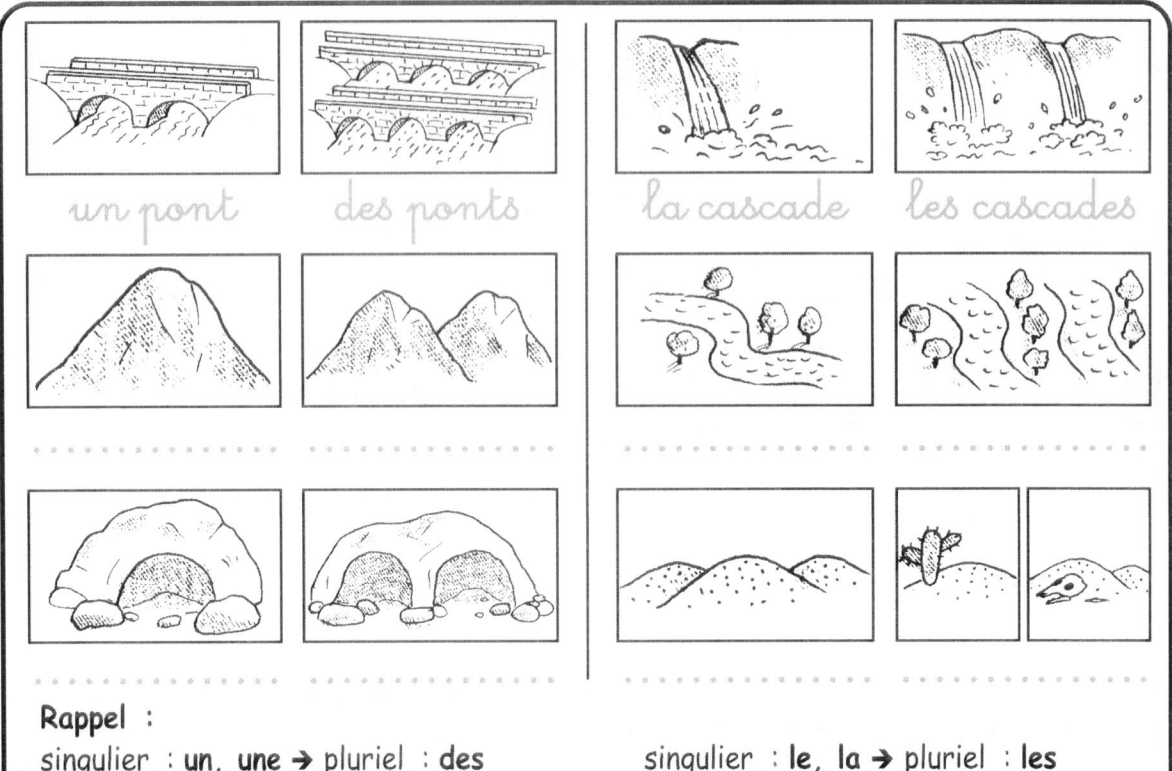

un pont   *des ponts*   *la cascade*   *les cascades*

Rappel :
singulier : **un, une** → pluriel : **des**   singulier : **le, la** → pluriel : **les**

Interviewe tes camarades !

Livre de l'élève p. 10
GP p. 22

Prénom	Trouve quelqu'un qui…
	a envie de bronzer sur une plage.
	a envie de marcher dans la forêt.
	a envie d'explorer une grotte.
	a envie de pêcher dans une rivière.
	a envie de traverser le désert.
	a envie d'écouter une cascade.
	a envie de faire du ski en montagne.
	n'a pas peur du noir.

Unité 3 LEÇON 2

2A

Dessine un bateau ou une grotte ou un serpent, etc.

Puis joue avec ton voisin, ta voisine !

Livre de l'élève p. 11
GP p. 24

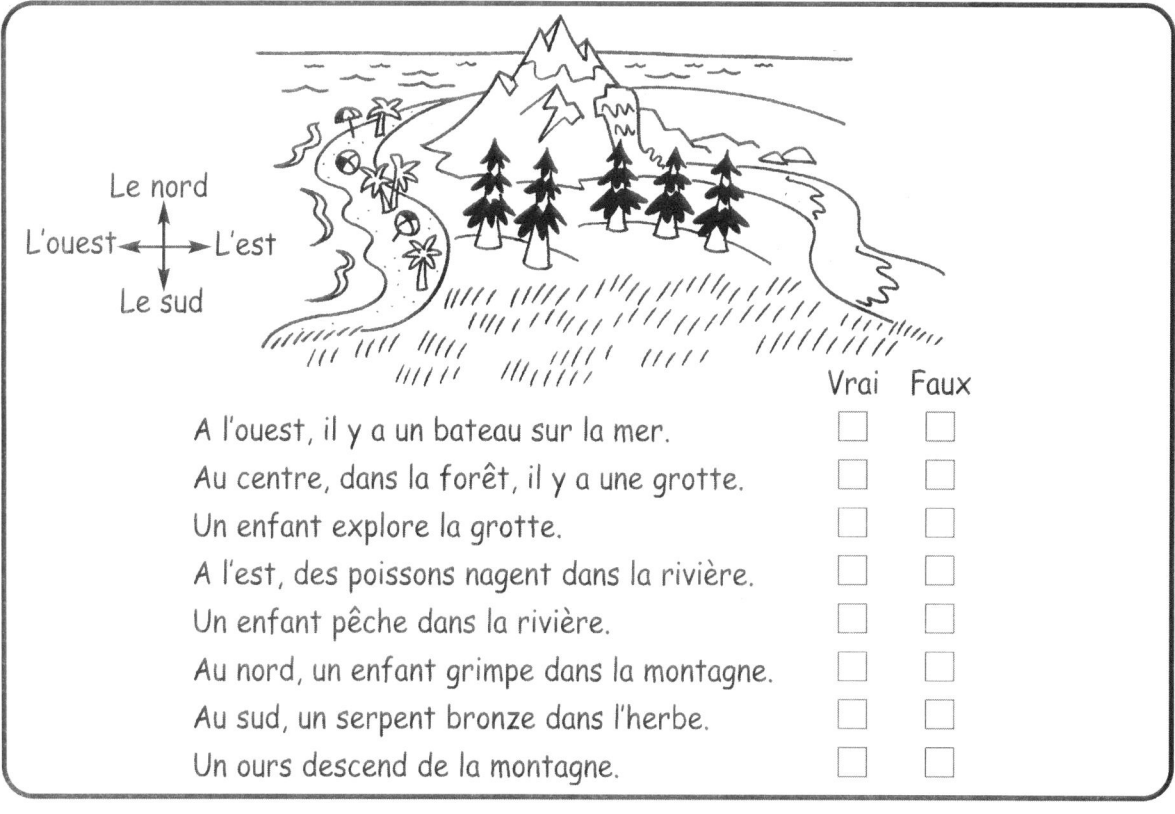

	Vrai	Faux
A l'ouest, il y a un bateau sur la mer.	☐	☐
Au centre, dans la forêt, il y a une grotte.	☐	☐
Un enfant explore la grotte.	☐	☐
A l'est, des poissons nagent dans la rivière.	☐	☐
Un enfant pêche dans la rivière.	☐	☐
Au nord, un enfant grimpe dans la montagne.	☐	☐
Au sud, un serpent bronze dans l'herbe.	☐	☐
Un ours descend de la montagne.	☐	☐

2B

Mets les mots dans l'ordre et construis les phrases !

Livre de l'élève p. 11
GP p. 24

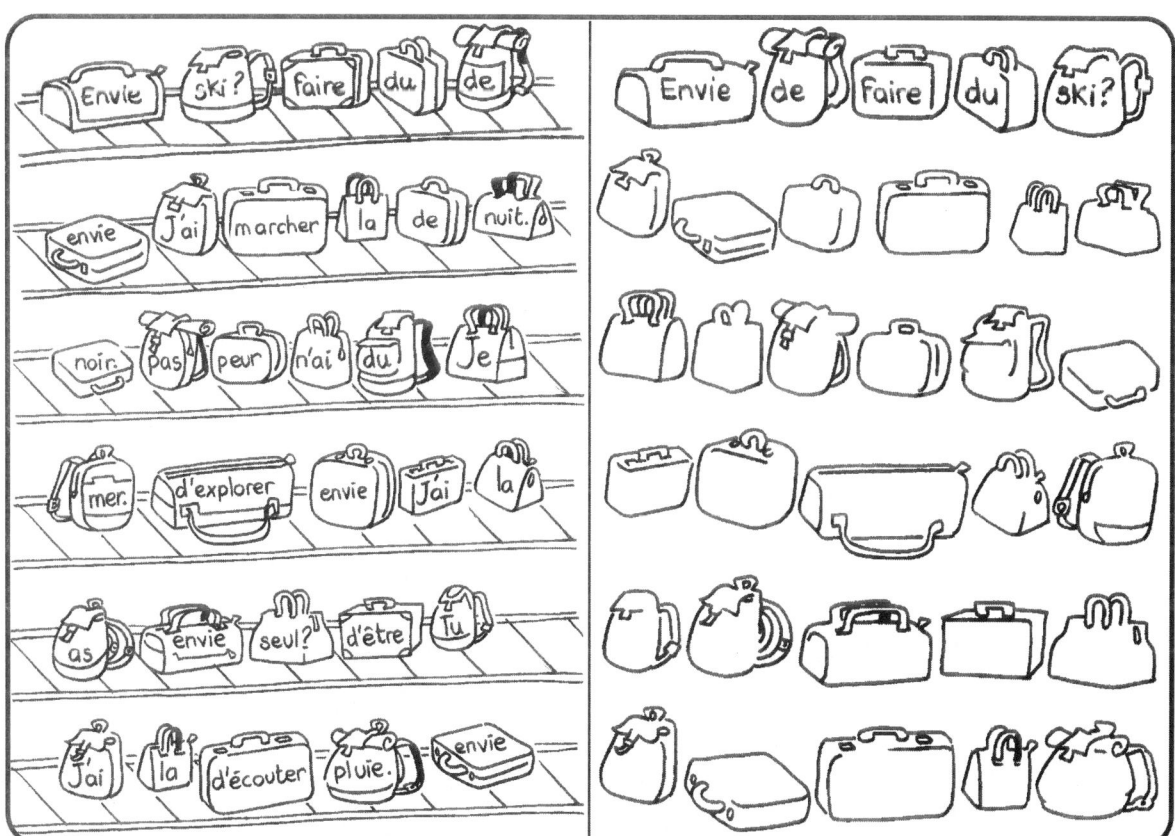

11

Unité 3 — LEÇON 3

3A

Complète les tableaux !

Livre de l'élève p. 12
GP p. 26

~~écris~~ – écrivez – écrit – écris – écrivons – écrivent
~~lit~~ – lis – lisent – lis – lisez – lisons
~~sers~~ – servent – servez – sert – servons – sers
~~connais~~ – connaissez – connaissons – connais – connaissent – connaît

écrire	lire	servir	connaître
J'écris	Je ……	Je ……	Je connais
Tu ……	Tu ……	Tu sers	Tu ……
Il ……	Elle lit	Il ……	Elle ……
Nous ……	Nous ……	Nous ……	Nous ……
Vous ……	Vous ……	Vous ……	Vous ……
Ils ……	Elles ……	Ils ……	Elles ……

3B

Complète !

Livre de l'élève p. 12
GP p. 26

Il est grec. Il habite en Grèce et il parle grec.

Elle est espagnole. Elle habite en Espagne et elle parle …………

Elle est anglaise. Elle habite en ………… et elle parle …………

Il est chinois. Il habite en ………… et il parle ………… .

Il est russe. Il ………… en ………… et il parle ………… .

Elle est fr………… . Elle ………… en ………… et elle ………… .

Unité 3 – LEÇON 4

Prononciation

bronzer	☐	rivière	☐
grimper	☐	désert	☐
grotte	☐	mer	☐
centre	☐	super	☐
écrire	☐	bonheur	☐

Score : ... / 10

Virelangue :
Je grimpe dans la grotte, quel bonheur !
Je bronze dans le désert, c'est super !

Score : ... / 4

4A Ecoute et répète !

4B Ecoute et répète le virelangue ! GP p. 20

4C Ecris les mots !

Test

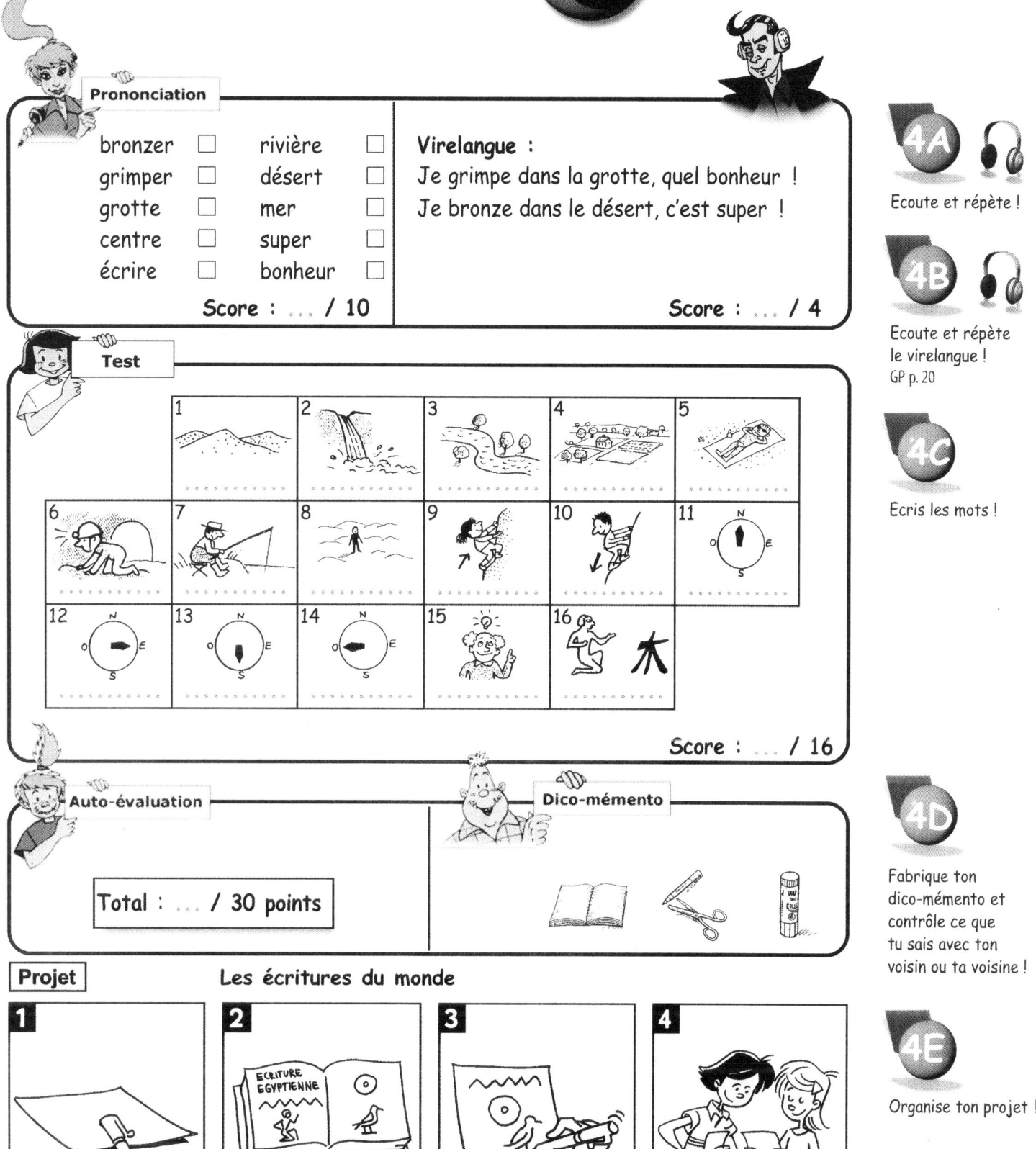

Score : ... / 16

Auto-évaluation

Total : ... / 30 points

Dico-mémento

4D Fabrique ton dico-mémento et contrôle ce que tu sais avec ton voisin ou ta voisine !

4E Organise ton projet !

Projet — Les écritures du monde

1 Prends une feuille et un stylo.

2 Cherche des écritures dans une encyclopédie.

3 Recopie les écritures.

4 Compare avec tes camarades !

Le pique-nique

1A

Relie les mots aux dessins !

Livre de l'élève p. 16
GP p. 30

une pomme
un camembert
une tarte
des olives
un melon
une gaufre
du bœuf
une pêche
de la moutarde
une sardine
du beurre
des frites
du cidre
une crêpe
de l'huile d'olive
un escargot

1B

Regarde bien les phrases puis complète le tableau !

Livre de l'élève p. 16
GP p. 30

Ils viennent d'où ?

Vous venez de Bourgogne ?

Oui, nous venons de Bourgogne et toi, tu viens d'où ?

Je viens de Provence !

Il vient de Provence, miam !

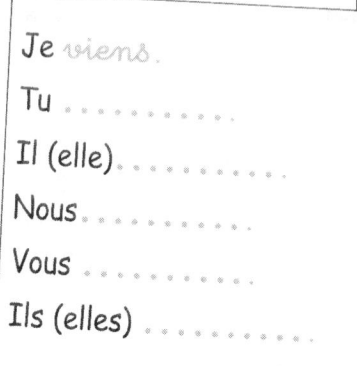

Je *viens*
Tu ....
Il (elle) ....
Nous ....
Vous ....
Ils (elles) ....

Unité 4 Leçon 2

2A

Regarde et complète !

Livre de l'élève p. 17
GP p. 32

ne ... pas de	ne ... plus de	beaucoup de

1
- Il y a des olives en Bretagne ?
- Non, il n'y a pas d'............ !

2
- Il y a encore des pirates sur la mer ?
- Non, il n'y a plus de .... !

3
- Il y a des sardines en Bretagne ?
- Oui, il y a beaucoup .... sardines !

4
- Il y a des ours en Bretagne ?
- Non, il n'y a ...... d'................ !

5
- Il y a encore des sorcières dans la forêt ?
- Non, il n'y a .... !

6
- Il y a du vent en Bretagne ?
- Oui il y a .... !

2B

Ecris une lettre et adresse-la à ton correspondant ou à ta correspondante !

Livre de l'élève p. 17
GP p. 32

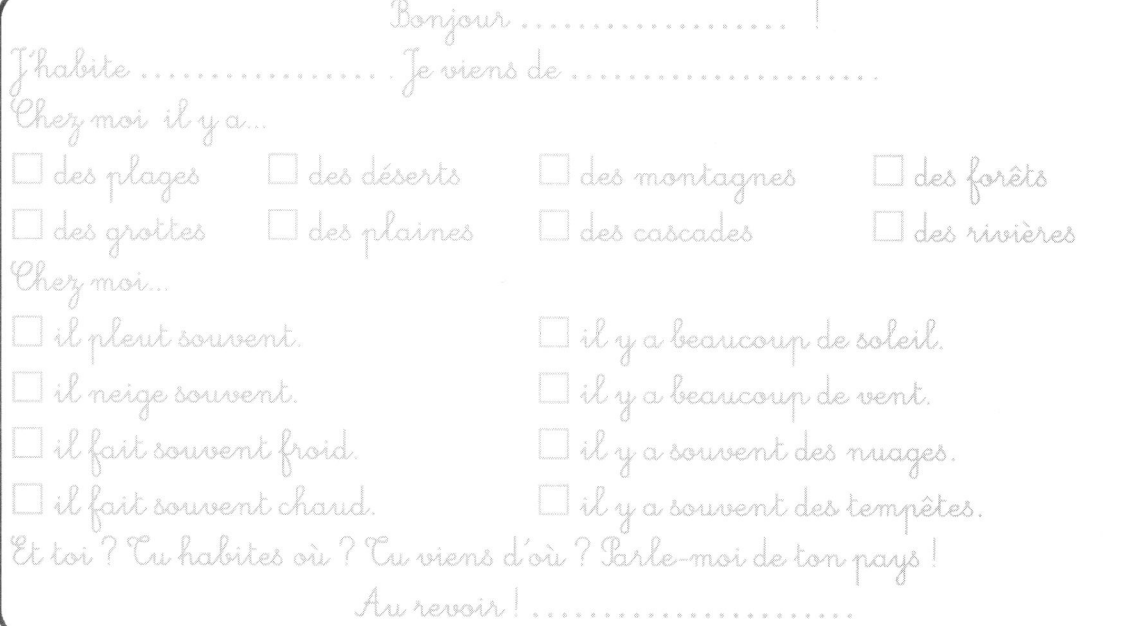

Bonjour .... !
J'habite .... Je viens de ....
Chez moi il y a...
☐ des plages ☐ des déserts ☐ des montagnes ☐ des forêts
☐ des grottes ☐ des plaines ☐ des cascades ☐ des rivières
Chez moi...
☐ il pleut souvent.   ☐ il y a beaucoup de soleil.
☐ il neige souvent.   ☐ il y a beaucoup de vent.
☐ il fait souvent froid.   ☐ il y a souvent des nuages.
☐ il fait souvent chaud.   ☐ il y a souvent des tempêtes.
Et toi ? Tu habites où ? Tu viens d'où ? Parle-moi de ton pays !
Au revoir ! ....

Unité 4 — Leçon 3

3A
Regarde bien et complète les phrases !

Livre de l'élève p. 18
GP p. 34

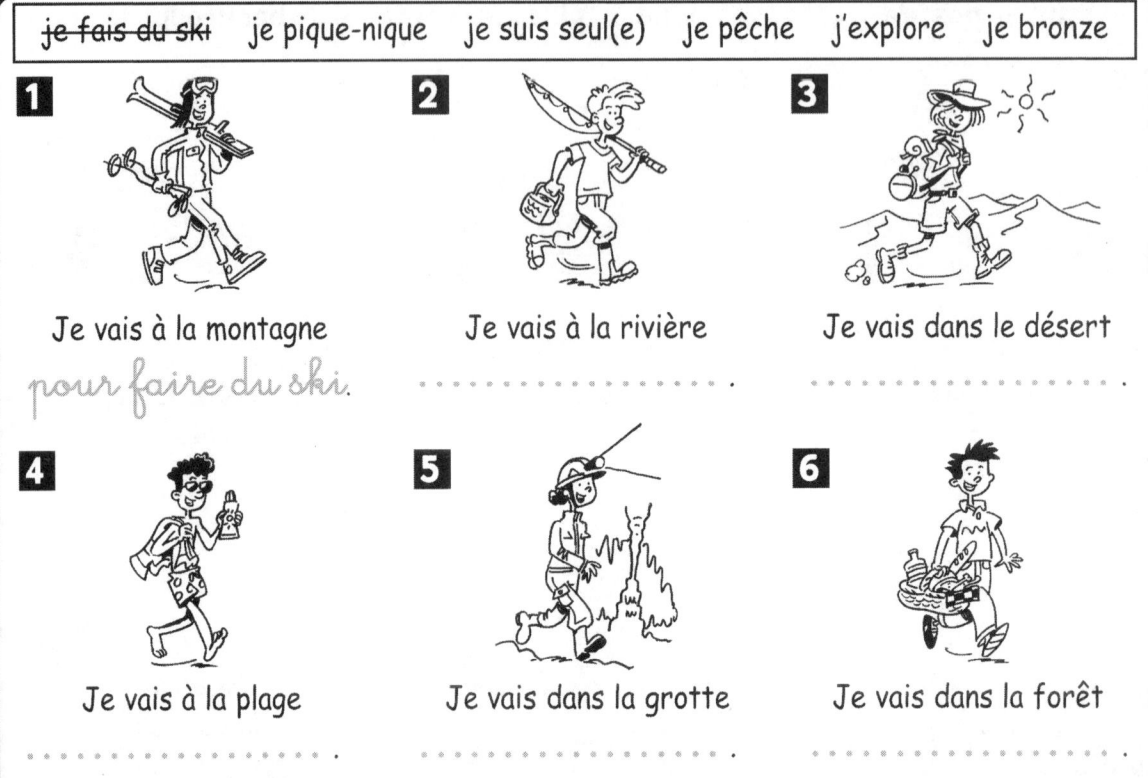

| je fais du ski | je pique-nique | je suis seul(e) | je pêche | j'explore | je bronze |

1 Je vais à la montagne *pour faire du ski*.

2 Je vais à la rivière ....

3 Je vais dans le désert ....

4 Je vais à la plage ....

5 Je vais dans la grotte ....

6 Je vais dans la forêt ....

3B
Complète !

Livre de l'élève p. 18
GP p. 34

Qu'est-ce qu'il faut pour faire du jus d'orange ? — Il faut des oranges !

Qu'est-ce qu'il faut pour faire de l'huile d'olive ? — Il faut d.... o.......... !

Qu'est-ce qu'il faut pour faire du beurre ? — Il f.... d... l...... !

Qu'est-ce qu'il faut pour faire de la confiture d'abricots ? — Il f.... d... a.......... et d... s...... !

Qu'est-ce qu'il faut pour faire de la glace à la fraise ? — Il f.... d... f......., de l'e.... ou du l.... et d... s....... !

Qu'est-ce qu'il faut pour faire des crêpes ? — Il f.... de la f......, des o......., d... l...., d... l'h...., d... s.... et d... s........ ! Miam !

Prononciation

bœuf	☐	pomme	☐
beurre	☐	pique-nique	☐
Bourgogne	☐	pêche	☐
Bretagne	☐	Provence	☐

Virelangue :
Du beurre de Bretagne, du bœuf de Bourgogne, mais des pêches de Provence !

Score : ... / 8   Score : ... / 4

Ecoute et répète !

Ecoute et répète le virelangue !
GP p. 36

Ecris les mots !

Test

Score : ... / 16

Auto-évaluation

Total : ... / 28 points

Dico-mémento

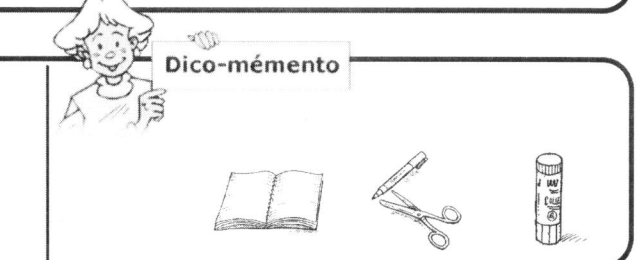

Fabrique ton dico-mémento et contrôle ce que tu sais avec ton voisin ou ta voisine !

Organise ton projet !

Projet — Mon pique-nique

1. Prends une feuille et des feutres.

2. Ecris.

3. Dessine et colorie.

4. Compare avec tes camarades !

Dans la jungle

1A

Lis et mets les lettres correspondantes !

Livre de l'élève p. 20
GP p. 38

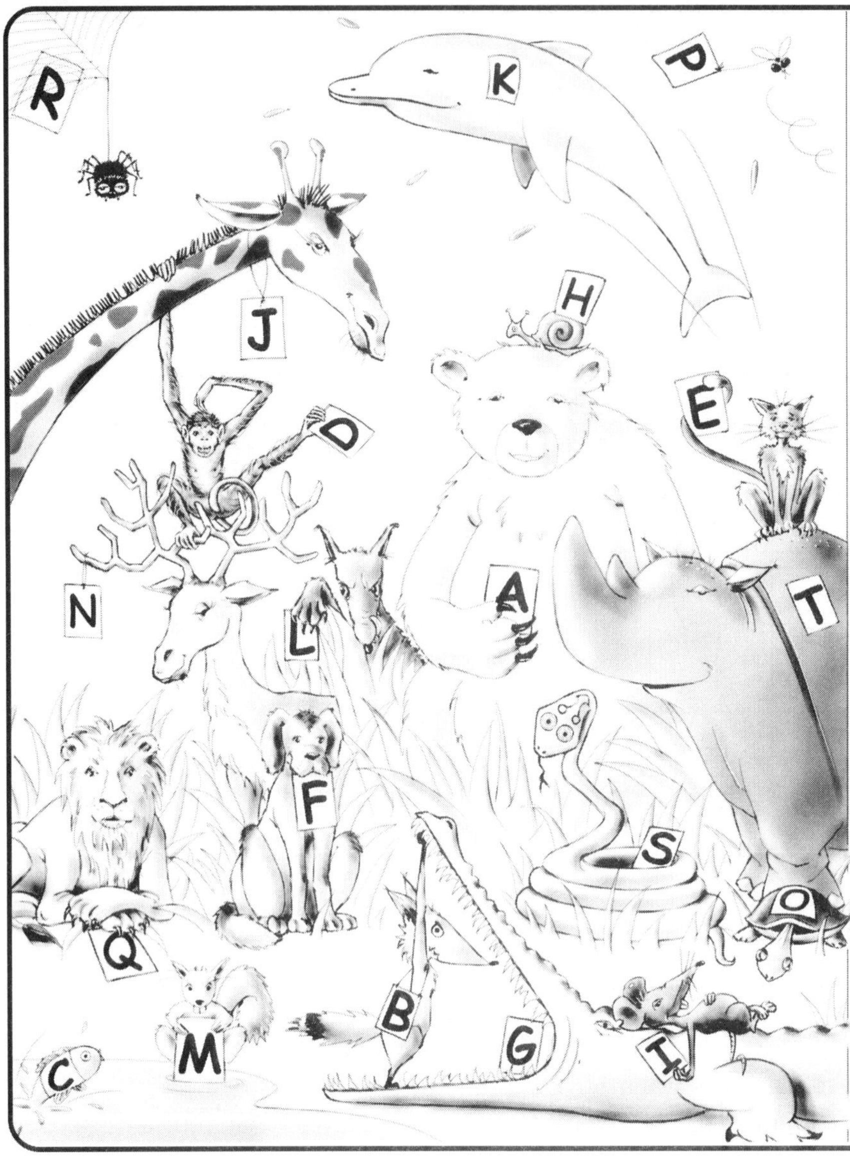

- [ ] un lion
- [ ] un dauphin
- [ ] une girafe
- [ ] un rat
- [ ] un rhinocéros
- [ ] un singe
- [ ] un crocodile
- [ ] un cerf
- [ ] un loup
- [ ] un renard
- [ ] un écureuil
- [ ] un chat
- [ ] un serpent
- [ ] une araignée
- [ ] un poisson
- [ ] un escargot
- [ ] une tortue
- [ ] une mouche
- [ ] un ours
- [ ] un chien

1B

Mets les lettres dans les cases !

Puis interviewe ton voisin, ta voisine !

Livre de l'élève p. 20
GP p. 38

Pour moi, c'est un animal...						
méchant	idiot	féroce	intelligent	dégoûtant	rigolo	timide
Pour toi, c'est un animal...						
méchant	idiot	féroce	intelligent	dégoûtant	rigolo	timide

| joli | jolie | gros | grosse | grand | grande | petit | petite | gentil | gentille |

un *joli* poisson	une ...... araignée	un ...... chat	une ...... tortue
une ...... mouche	un ...... dauphin	une ...... girafe	un ...... papillon

2A

Choisis, complète et dessine !

Livre de l'élève p. 21
GP p. 40

| ~~un cerf~~ | un serpent | une vache | un oiseau | une perruche | un éléphant |
| une poule | un poisson | un rhinocéros | un papillon |

| ~~magnifique~~ | féroce | rigolo(te) | timide | géant(e) | bleu(e) |
| intelligent(e) | idiot(e) | jaune | triste |

Un cerf magnifique !

Un serpent .... !

Une vache .... !

Un oiseau .... !

Une .... !

.... !

.... !

.... !

.... !

2B

Complète, relie au dessin et colorie !

Livre de l'élève p. 21
GP p. 40

3A

Regarde et complète les phrases !

Livre de l'élève p. 22
GP p. 42

- Il y a des montagnes au Cambodge ?
- Oui, il y a beaucoup de montagnes !
- Et dans les montagnes, il y a des ours ?
- Oui, il y a beaucoup d'ours !
- Il y a des temples ?
- Oui, il y a beaucoup ………… .
- Et dans …… temples, il y a …… écureuils ?
- Oui, il y a beaucoup …… …… .
- Il … a …… forêts ?
- Oui, il … a …… …… .
- …… dans …… forêts, il … a …… éléphants ?
- Oui, il …… …… …… .
- …… a …… rivières ?
- Oui, …… …… …… .
- …… , …… a …… poissons ?
- - …… , …… …… .
- Il y a aussi …… tigres ?
- Non, il y a trop …… chasseurs !

3B

Trouve les questions !

Livre de l'élève p. 22
GP p. 42

Où est Mamie ?

Elle est dans une forêt du Cambodge.

……………………………………………………………… ?

Oui, elle aime les éléphants.

……………………………………………………………… ?

Elle veut visiter un des temples dans la jungle.

……………………………………………………………… ?

Ils s'appellent les « temples-montagnes ».

……………………………………………………………… ?

Demain, il va pleuvoir.

……………………………………………………………… ?

Alex et Zoé sont fatigués.

……………………………………………………………… ?

Croquetout est malade.

Unité 5 — Leçon 4

Prononciation

serpent ☐   lion ☐   dauphin ☐
éléphant ☐ papillon ☐ singe ☐
méchant ☐   poisson ☐   chien ☐
géant ☐   marron ☐   brun ☐

Score : ... / 12

Virelangue :
Un chien et un dauphin tout bruns !
Un papillon et un poisson marron !
Un serpent et un éléphant très méchants !

Score : ... / 4

Ecoute et répète !

Ecoute et répète le virelangue !
GP p. 44

Test

1 Tu aimes les dauphins ? Oui ? Non ? Pourquoi ?
....
2 Tu aimes les singes ? Oui ? Non ? Pourquoi ?
....
3 Tu aimes les lions ? Oui ? Non ? Pourquoi ?
....
4 Il y a des animaux menacés dans ton pays ?
....
5 Il y a beaucoup de chasseurs dans ton pays ?
....

Score : ... / 8   Score : ... / 10

Ecris les mots !
Puis réponds aux questions !

Auto-évaluation

Total : ... / 34 points

Dico-mémento

Fabrique ton dico-mémento et contrôle ce que tu sais avec ton voisin ou ta voisine !

Projet — Mon livre des animaux

1 Prends des feuilles et des feutres.

2 Dessine un animal.

3 Ecris.

4 Fabrique ton livre

Organise ton projet !

21

Unité 6 Leçon 1

Au fond des mers

1A

Lis et entoure à chaque fois le mot correct !

Puis colorie !

Livre de l'élève p. 24
GP p. 46

un poisson jaune	des poissons jaunes	une algue marron	des algues marron
une tortue verte	des tortues vertes	un crabe orange	des crabes orange
un coquillage violet	des coquillages violets	une étoile citron	des étoiles citron

Dans l'aquarium géant, il y a des poissons **jaune** / **(jaunes)** et **rouge** / **rouges**.
Ils se cachent dans les coraux **orange** / **oranges** et les algues **brun** / **brunes** : les requins **bleu** / **bleus** ne sont pas loin !
Deux tortues **marron** / **marrons** nagent vers le fond : elles veulent jouer avec les deux crabes **rose** / **roses**.
Des coquillages **blanc** / **blancs** dorment sur le sable et des étoiles de mer **citron** / **citrons** dansent.
Et ces poissons **violet** / **violets** et gris ? Ce sont des sardines !

1B

Regarde le livre pages 28 et 29 !

Complète les phrases !

Livre de l'élève p. 24, 28 et 29
GP p. 46

| le crabe → ce crabe | l'éléphant → cet éléphant | la grotte → cette grotte |
| l'image → cette image | les poissons → ces poissons | |

| la cascade | les coquillages | l'étoile de mer | la fille | le garçon |
| l'oiseau | le peintre | le requin | les singes | la tortue |

Regarde la cascade ! *Cette* cascade ?

Regarde les coquillages ! .... ?

Regarde l'étoile de mer ! .... ?

Regarde la fille ! .... ?

Regarde le .... ! .... ?

Regarde l' .... ! .... ?

Regarde .... ! .... ?

.... ! .... ?

.... ! .... ?

.... ! .... ?

22

Unité 6 – LEÇON 2

2A

Ecris en toutes lettres !

Livre de l'élève p. 25
GP p. 48

> trente...   trente et un...   trente-cinq...   quarante...   quarante-deux...
> quatre-vingts   **mais....**   quatre-vingt-cinq...   quatre-vingt-dix !
> cent   cent trente   deux cents   **mais....**   deux cent trente-cinq !

Cette fille mesure [1] *un* mètre [35] *trente-cinq*.
Ce garçon mesure [1] .... mètre [90] .... !
Cette tortue mesure [80] .... centimètres et pèse [100] .... kilos.
Ce serpent mesure [5] .... mètres et pèse [32] .... kilos.
Cette petite girafe mesure [2] .... mètres [31] .... et pèse [130] .... kilos.
Cet oiseau mesure [10] .... centimètres et pèse [85] .... grammes
Ce poisson mesure [3] .... mètres et pèse [200] .... kilos.
Cet ours mesure [2] .... mètres [40] .... et pèse [235] .... kilos.
Cet singe mesure [42] .... centimètres et pèse [8] .... kilos.

2B

Réponds !

Puis va interviewer tes camarades !

Livre de l'élève p. 25
GP p. 48

Combien tu mesures ? Combien tu pèses ?

Moi :

Prénom	Taille	Poids

Je mesure un mètre .... et je pèse .... kilos !

Mes camarades :

Prénom	Taille	Poids

3A

Lis et colorie le tableau !

Livre de l'élève p. 26
GP p. 50

1 Le ciel est bleu. 2 Les nuages sont blancs et jaunes. 3 Ici, la montagne est marron.
4 Là, la montagne est orange. 5 Ces arbres sont verts. 6 Ces grands arbres sont orange.
7 Ce grand arbre est bleu-vert. 8 Cet arbre est jaune. 9 Ce petit arbre est orange.
10 Ces buissons sont violets. 11 Ces buissons-là sont verts. 12 La cascade est bleue.
13 Le chemin est rose. 14 L'herbe est jaune. L'homme a un chapeau jaune, une veste marron et un pantalon orange. Il porte des fruits rouges. Et... dans l'herbe jaune, devant les buissons verts, il y a un chien noir !

3B

Retrouve les mots, écris-les et entoure-les dans la grille !

Livre de l'élève p. 26
GP p. 50

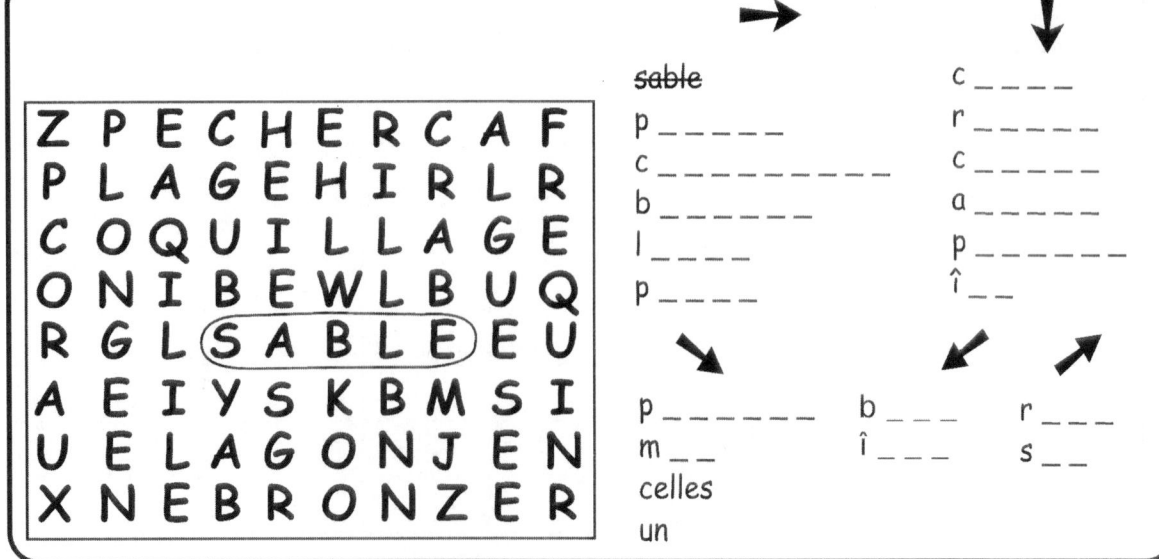

Unité 6 — Leçon 4

Prononciation

coraux ☐	couleur ☐		
ours ☐	boule ☐		
rouge ☐	loup ☐		
rire ☐	lire ☐		
	rigolo ☐		

Score : … / 9

Virelangue :
Rouge est la couleur des coraux, c'est rigolo !

Score : … / 3

4A Ecoute et répète !

4B Ecoute et répète le virelangue ! GP p. 52

4C Ecris les mots !

Test

1, 2, 3, 4, 5, 6, 7, 8, 9, 10, 11, 12, 13, 14, 15, 16

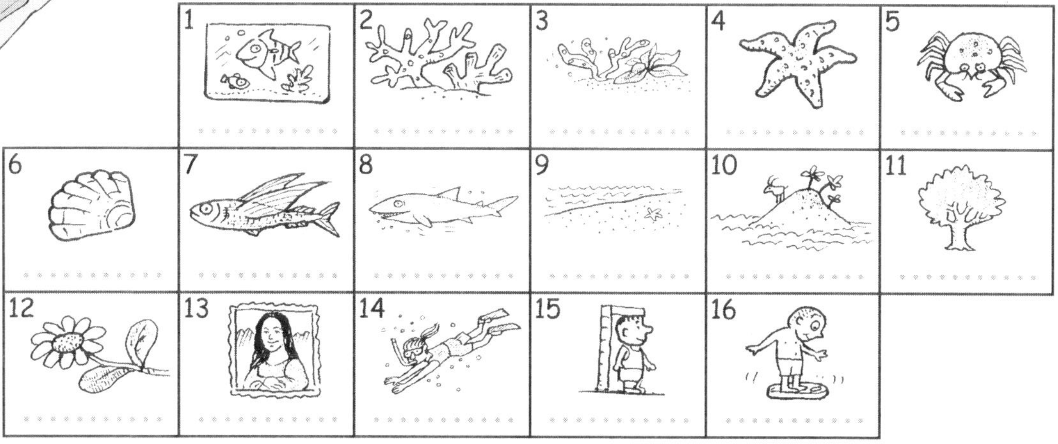

Score : … / 16

Auto-évaluation

Total : … / 28 points

Dico-mémento

4D Fabrique ton dico-mémento et contrôle ce que tu sais avec ton voisin ou ta voisine !

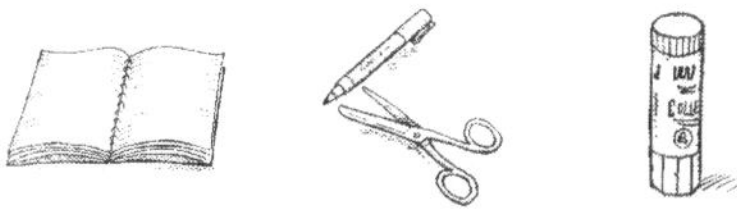

Projet — Mon tableau de Matisse

1 Prends des feuilles de couleur, un crayon, une paire de ciseaux et de la colle.

2 Dessine des formes : coraux, algues, poissons, etc.

3 Découpe et colle.

4 Expose ton tableau !

4E Organise ton projet !

25

Le Grand Nord

1A

Complète et relie !

Livre de l'élève p. 30
GP p. 54

~~un anorak~~   un bonnet   des bottes   une casquette   des chaussettes
une écharpe   des gants   une jupe   un pull   une valise

mon anorak

1B

Ecris !

Livre de l'élève p. 30
GP p. 54

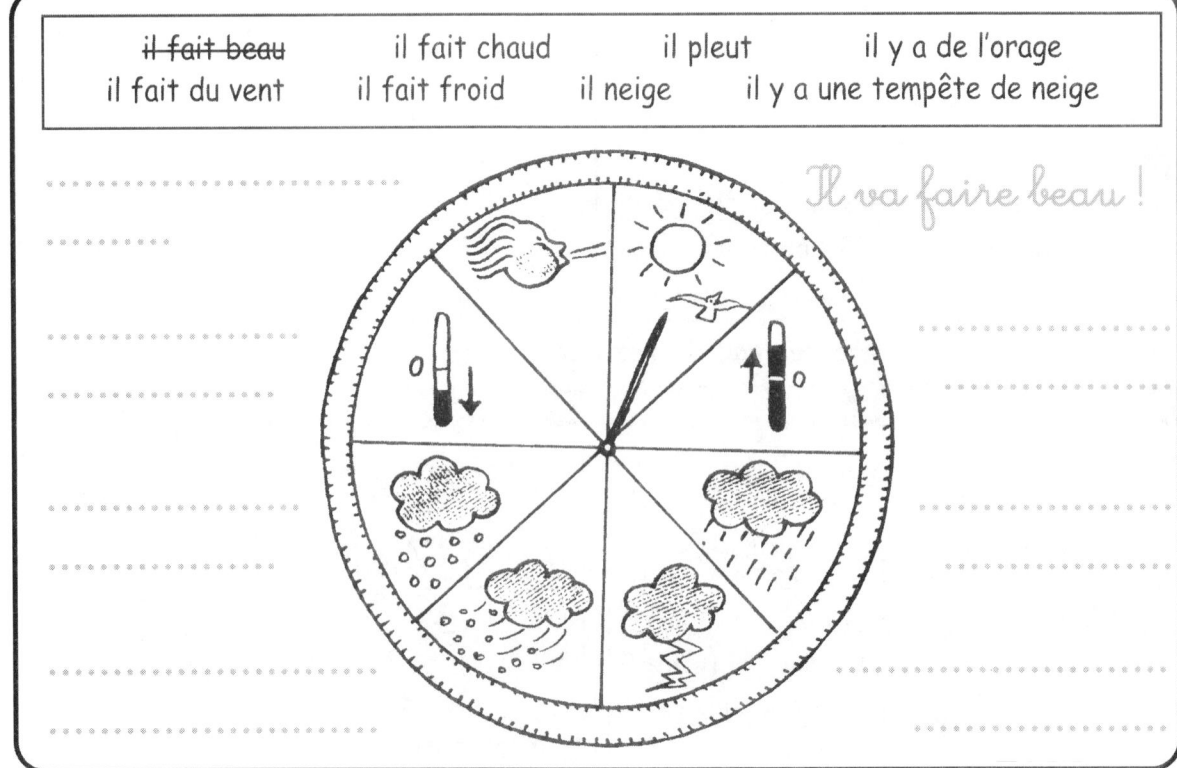

~~il fait beau~~   il fait chaud   il pleut   il y a de l'orage
il fait du vent   il fait froid   il neige   il y a une tempête de neige

Il va faire beau !

2A

Complète les phrases !

Prépare la grille pour ton voisin, ta voisine !

Livre de l'élève p. 31
GP p. 56

	Vrai	Faux
fatigant beau rapide triste rigolo idiot magique		
Le traîneau à chiens, c'est moins fatigant que le ski !	☐	☐
Le ski, c'est plus rapide que les raquettes !	☐	☐
Les raquettes, c'est	☐	☐
La motoneige, ...	☐	☐
Le hockey, ...	☐	☐
Le rafting, ...	☐	☐
Les tours de magie, ...	☐	☐
Le sport, ...	☐	☐
La neige, ...	☐	☐
La pluie, ...	☐	☐
La plage, ...	☐	☐
Le désert, ...	☐	☐

2B

Découvre le code !

Puis écris le texte !

Livre de l'élève p. 31
GP p. 56

✌ = ...
✿ = ...
♣ = ...
⌘ = ...
✈ = ...
★ = ...

Au Québec, c'est l'hiver et il neige beaucoup. Coquentout a envie de faire du ski et de la luche avec des raquettes. Le traîneau à chiens, c'est aussi très bien ! Les chiens courent vite et c'est moins fatigant. La motoneige est encore plus rapide : elle peut filer sur la neige à 100 kilomètres à l'heure. Coquentout voudrait faire du rafting dans les rivières, mais il n'a pas l'air d'accord ! Il veut apprendre à faire du hockey sur glace : c'est un sport génial, il faut courir, bouger ! Coquentout est très gros, mais il va être plus fort que les autres, bien sûr !

3A

Complète !

Livre de l'élève p. 32
GP p. 58

- C'est mon bonnet ?
- Ton bonnet ? Non, c'est son bonnet !

- C'est ..... anorak ?
- Ton ..... ? Non, c'est ....!

- Ce sont ..... gants ?
- T........ ? Non, ce sont ... .!

- C'est ..... casquette ?
- T........ ? Non, c'est ....!

3B

Réponds !

Puis va interviewer tes camarades !

Livre de l'élève p. 32
GP p. 58

Qu'est-ce que tu voudrais faire ?

| faire du ski | marcher avec des raquettes | faire du hockey | faire de la motoneige |
| conduire un traîneau | faire du rafting | faire de l'escalade | faire de la plongée |

Moi :

Je voudrais ....

Mes camarades :

Prénoms	🎿	🥾	🏒	🛷	🛷	🚣	🧗	🤿	autre
....									
....									
....									
....									
....									

Unité 7 — Leçon 4

Prononciation

valise	☐	banquise	☐
violet	☐	bonnet	☐
vent	☐	bottes	☐
vitesse	☐	bonhomme	☐
voyage	☐	boréal	☐
mauvais	☐		

Score : ... / 11

Virelangue :
Je prends ma valise pour la banquise.
Je mets mes bottes et mon bonnet contre le vent mauvais !

Score : ... / 5

4A Ecoute et répète !

4B Ecoute et répète le virelangue ! GP p. 60

4C Ecris les mots ! Puis réponds aux questions !

Test

1 ... 2 ... 3 ... 4 ... 5 ... 6 ...
7 ... 8 ... 9 ... 10 ... 11 ... 12 ...

1 Tu aimes la neige ?

2 Tu as déjà marché avec des raquettes ?

3 Tu fais du ski, du hockey ?

4 Tu as déjà vu des aurores boréales ?

Score : ... / 20

Auto-évaluation

Total : ... / 36 points

Dico-mémento

4D Fabrique ton dico-mémento et contrôle ce que tu sais avec ton voisin ou ta voisine !

4E Organise ton projet !

Projet — Le temps qu'il fait chez moi

1 Prends du carton, un crayon, des feutres, une paire de ciseaux et une règle.

2 Fabrique un « baromètre ».

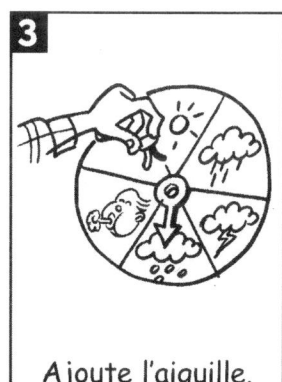

3 Ajoute l'aiguille.

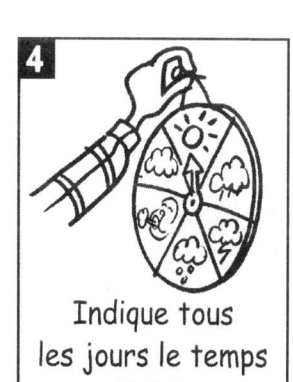

4 Indique tous les jours le temps qu'il fait !

Unité 8 Leçon 1

Souvenirs de France

1A

Complète les bulles !

Livre de l'élève p. 16 et p. 34
GP p. 62

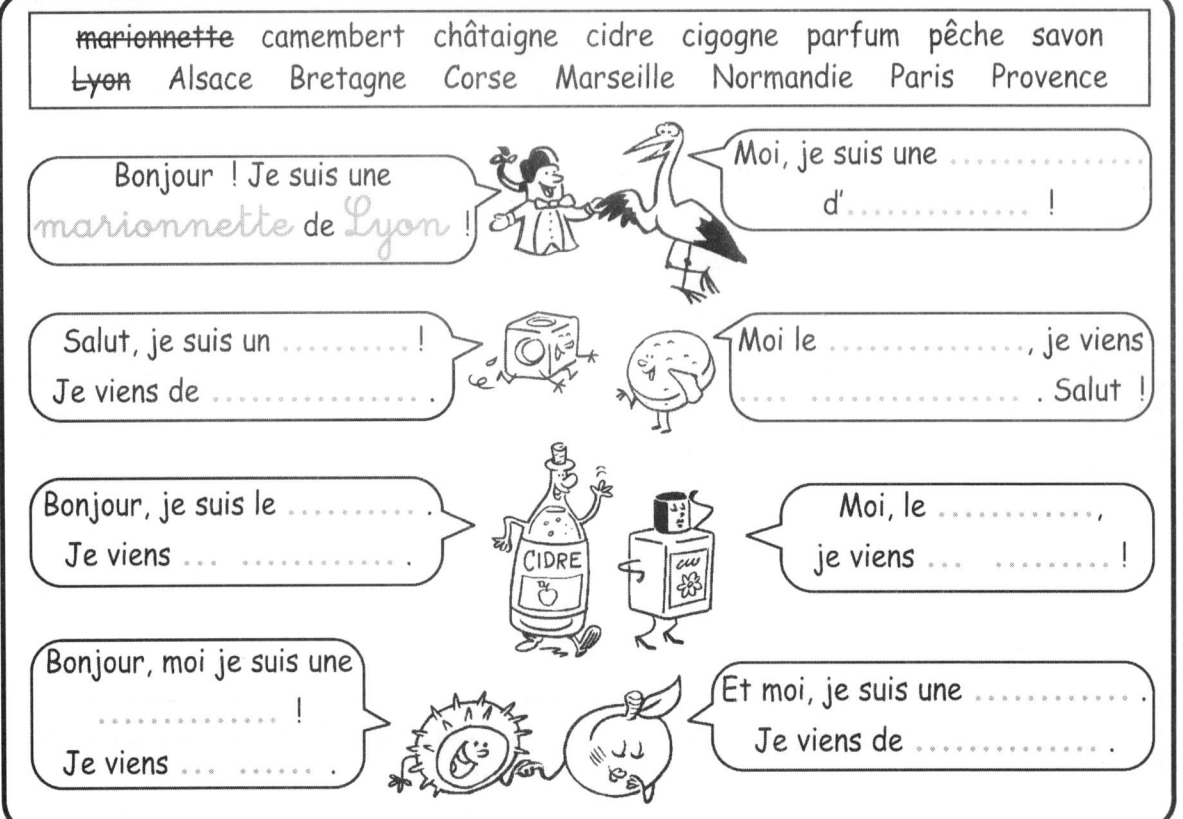

| ~~marionnette~~ camembert châtaigne cidre cigogne parfum pêche savon |
| ~~Lyon~~ Alsace Bretagne Corse Marseille Normandie Paris Provence |

Bonjour ! Je suis une *marionnette* de *Lyon* !

Moi, je suis une .... d'.......... !

Salut, je suis un .... ! Je viens de ....

Moi le ...., je viens .... Salut !

Bonjour, je suis le .... Je viens ... .

Moi, le ...., je viens ... . !

Bonjour, moi je suis une .... ! Je viens ... .

Et moi, je suis une .... Je viens de ....

1B

Ecris une lettre et adresse-la à ton correspondant ou à ta correspondante !

Livre de l'élève p. 34
GP p. 62

Bonjour .... !

Chez moi
☐ dans mon pays   ☐ dans ma ville
... il y a des souvenirs et des cadeaux comme...
☐ du parfum   ☐ des cartes postales   ☐ des chapeaux
☐ des poupées   ☐ des porte-bonheur   ☐ des écharpes
☐ des marionnettes   ☐ des pierres   ☐ des gâteaux
☐ des jouets   ☐ des coquillages   ☐ des bonbons
☐ des fleurs   ☐ des tapis   ☐ ....
Et chez toi ? Quels souvenirs il y a dans ton pays, dans ta ville ?
Au revoir, à bientôt !

....

Complète sur la carte !

Livre de l'élève p. 35
GP p. 64

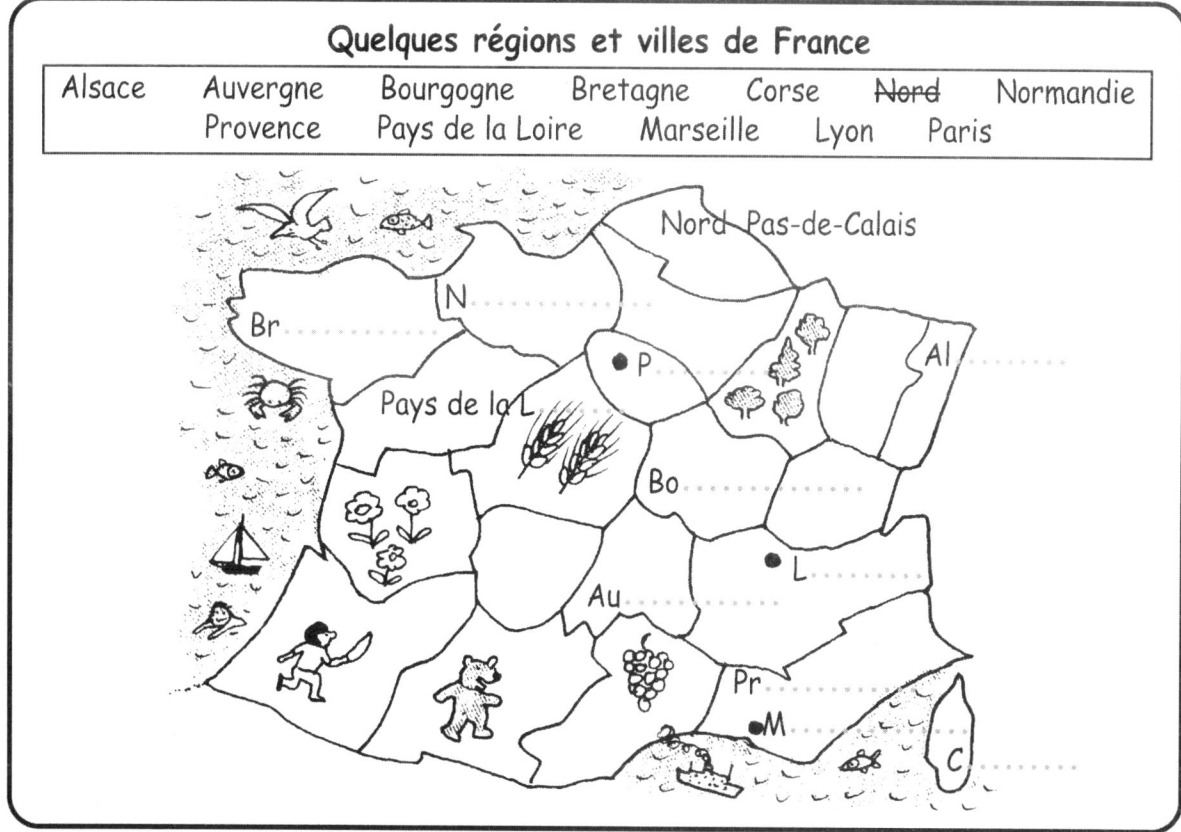

Quelques régions et villes de France

| Alsace | Auvergne | Bourgogne | Bretagne | Corse | ~~Nord~~ | Normandie |
| Provence | Pays de la Loire | Marseille | Lyon | Paris | | |

Ecris !

Livre de l'élève p. 35
GP p. 64

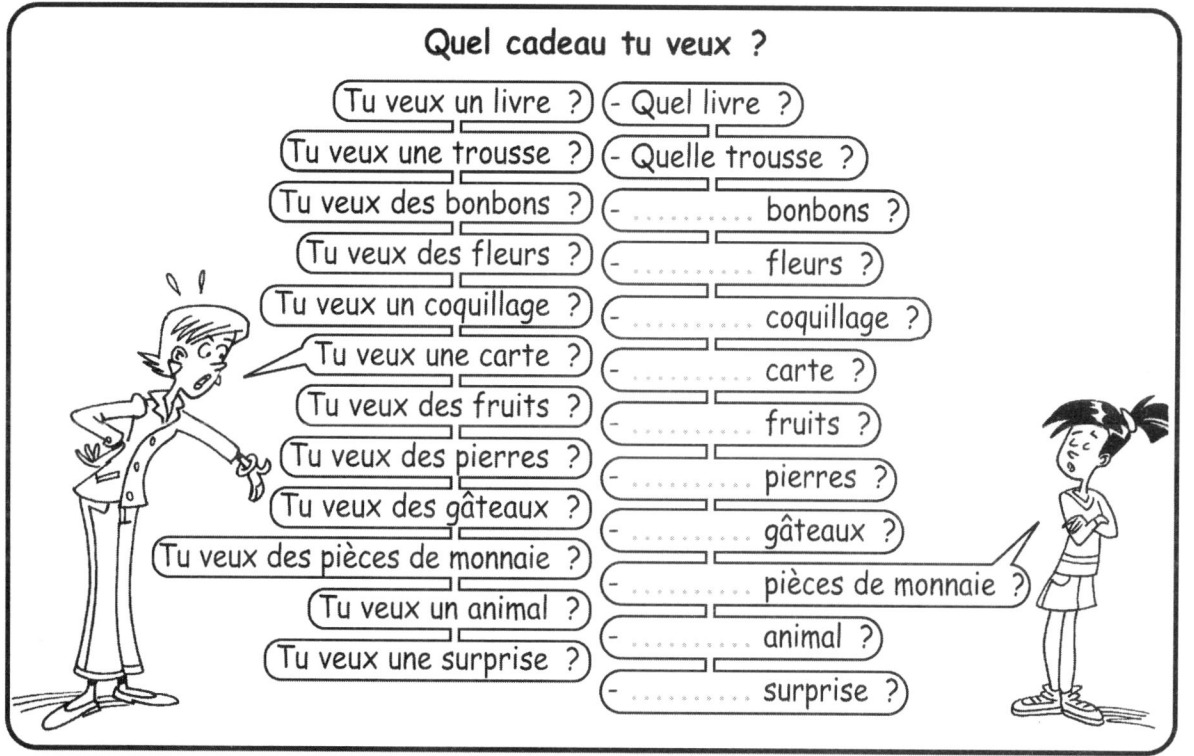

Quel cadeau tu veux ?

- Tu veux un livre ? — Quel livre ?
- Tu veux une trousse ? — Quelle trousse ?
- Tu veux des bonbons ? — .... bonbons ?
- Tu veux des fleurs ? — .... fleurs ?
- Tu veux un coquillage ? — .... coquillage ?
- Tu veux une carte ? — .... carte ?
- Tu veux des fruits ? — .... fruits ?
- Tu veux des pierres ? — .... pierres ?
- Tu veux des gâteaux ? — .... gâteaux ?
- Tu veux des pièces de monnaie ? — .... pièces de monnaie ?
- Tu veux un animal ? — .... animal ?
- Tu veux une surprise ? — .... surprise ?

3A

Regarde et réponds !

Livre de l'élève p. 36
GP p. 66

> le premier (la première), le/la deuxième, le/la troisième, le/la quatrième,
> le/la cinquième, le/la sixième, le/la septième, le/la huitième, le/la neuvième, le/la dixième

Qui a un anorak ? *Le premier.*
Qui mange des frites ? ....
Qui a envie de faire du ski ? ....
Qui veut faire de la plongée ? ....
Qui a une valise ? ....
Qui va faire un pique-nique ? ....
Qui voudrait peindre un tableau ? ....
Qui fait du hockey sur glace ? ....
Qui a une écharpe ? ....
Qui lit un livre ? ....

3B

Trouve les questions !

Livre de l'élève p. 36
GP p. 66

Quelle est la ville de la mode ?
C'est Paris.
..................................?
C'est l'Alsace.
..................................?
C'est Lyon.
..................................?
C'est la Corse.
..................................?
C'est Marseille.
..................................?
C'est l'Auvergne.
..................................?
C'est la Bretagne.
..................................?
C'est la Provence.

Unité 8 — LEÇON 4

Prononciation

France	☐	Lyon	☐
monument	☐	savon	☐
pétanque	☐	bonbon	☐
volcan	☐	million	☐
habitant	☐	maison	☐
printemps	☐	lagon	☐

Score : ... / 12

Virelangue :
En France il y a des enfants, des volcans et quarante mille monuments !
A Lyon il y a des maisons, des bonbons, du savon mais pas de lagon !

Score : ... / 6

4A 🎧 Ecoute et répète !

4B 🎧 Ecoute et répète le virelangue ! GP p. 68

4C Ecris les mots !

Test

1	2	3	4	5	6
7	8	9	10	11	12

1 Quelle est la première ville de ton pays ?
2 Quels sont les souvenirs de ton pays, de ta ville ?
3 C'est une ville de combien d'habitants ?
4 Quels sont les monuments de ton pays, de ta ville ?

Score : ... / 20

Auto-évaluation

Total : ... / 38 points

Dico-mémento

4D Fabrique ton dico-mémento et contrôle ce que tu sais avec ton voisin ou ta voisine !

4E Organise ton projet !

Projet — Mon livre de souvenirs

1. Prends des feuilles, un stylo et de la colle.

2. Colle tes photos, tes souvenirs.

3. Ecris.

4. Fabrique ton livre de souvenirs.

Les astronautes

1A

Ecris !

Puis compare avec ton voisine, ta voisine !

Livre de l'élève p. 38
GP p. 70

l'araignée   le crocodile   le papillon   le perroquet   le piranha   le serpent   le singe

Ils rampent.	Ils volent.
le serpent	

Ils nagent.	Ils grimpent.

1B

Ecris !

Livre de l'élève p. 38
GP p. 70

~~champion~~/championne   musicien/musicienne   magicien/magicienne
acteur/actrice   explorateur/exploratrice   présentateur/présentatrice

Il fait du ski. Il est le plus rapide. Il est *champion de ski* !

Elle joue au cinéma. Elle est .... !

Il voyage, explore la banquise, traverse les forêts. Il est .... !

Elle joue de la musique, elle adore la flûte. Elle est .... !

Il dit le temps qu'il fait aujourd'hui et qu'il va faire demain. Il est .... !

Elle fait des tours de magie. Elle est .... !

Il aime jouer du saxophone. Il est .... !

Elle parle de la pluie, du soleil, des orages. Elle est .... !

Il joue à la télévision. Il est .... !

Elle joue au tennis. Elle est très forte. Elle est .... !

Il a une baguette magique. Il est .... !

Elle traverse les déserts, explore les volcans. Elle est .... !

2A

Associe et mets le bon numéro !

Livre de l'élève p. 39
GP p. 72

L'interview d'Alex

① Pourquoi tu veux être vétérinaire ?
② Pourquoi tu veux travailler dans un zoo ?
③ Pourquoi tu voudrais être archéologue ?
④ Pourquoi les archéologues explorent des grottes ?
⑤ Pourquoi tu veux explorer des grottes ?
⑥ Pourquoi tu veux collectionner des pierres ?

○ Parce que j'adore les pierres.
○ Parce que je peux collectionner des cailloux et des pierres.
○ Parce que j'aime les animaux.
○ Parce que j'adore l'histoire.
○ Parce qu'ils peuvent trouver des écritures, des dessins, des objets.
○ Parce que les animaux du zoo sont souvent tristes et malades.

2B

Complète et relie au dessin !

Livre de l'élève p. 39
GP p. 72

v é t é r i n a i r e
a _ _ e u _
_ u _ i _ i e _
_ a _ i _ i e _
_ _ é _ e _ _ a _ _ i _ e
a _ _ _ é o _ o _ u e
_ é _ e _ _ i _ e
_ e i _ _ _ e

_ _ a _ _ i o _ _ e
e _ _ _ o _ a _ _ i _ e
a _ _ _ o _ a u _ e
a _ _ o _ a _ e
_ o u _ _ a _ i _ _ e
_ _ i _ i _ _ e

35

Réponds !

Puis va interviewer tes camarades !

Livre de l'élève p. 40
GP p. 74

Qu'est-ce que tu veux être plus tard ? Tu veux être acteur ?

| acteur/actrice   champion/championne   musicien/musicienne   astronaute |
| explorateur/exploratrice   vétérinaire   archéologue   journaliste   peintre, etc. |

Moi :

Plus tard, je veux être ....

Mes camarades :

Prénoms									autre
....									
....									
....									
....									
....									

Complète !

Livre de l'élève p. 40
GP p. 74

| arts plastiques   français   géographie   histoire   maths   musique   sciences   sport |

Greg adore dire des histoires en .... : Plus tard, il veut être acteur !

Sara est forte en .... : Plus tard, elle veut être championne de tennis !

Boris aime la .... et jouer de la guitare. Plus tard, il veut être musicien !

La matière préférée de Mathilde est l'................. . Plus tard, elle veut être archéologue !

Fred aime les animaux et il est fort en .... Plus tard, il veut être vétérinaire !

Marion adore les .... et la magie. Plus tard, elle veut être magicienne !

Théo est fort en .... et il aime voyager. Plus tard, il veut être explorateur !

Fanny aime beaucoup les .... et elle adore les romans d'aventures. Plus tard, elle veut être détective !

Unité 9 – LEÇON 4

Prononciation

peintre ☐	champion ☐		
chien ☐	silence ☐		
singe ☐	chance ☐		
musicien ☐	science ☐		
magicien ☐	expérience ☐		

Virelangue :
Il est peintre, il est musicien, il est magicien ! Quelle chance ! Quelle science ! Quelle expérience !

Score : ... / 10   Score : ... / 4

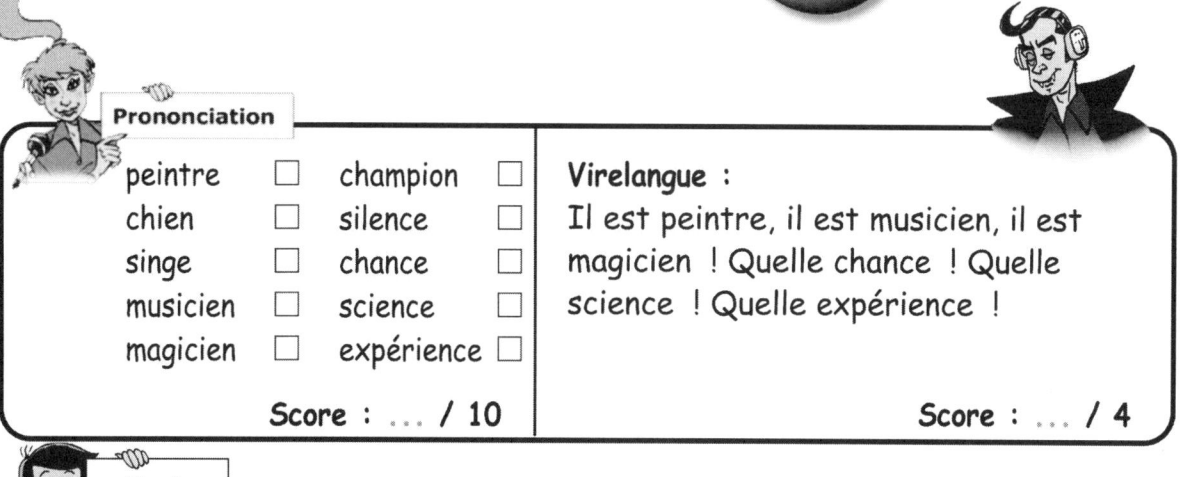

4A Ecoute et répète !

4B Ecoute et répète le virelangue ! GP p. 76

4C Ecris les mots !

Test

Score : ... / 18

Auto-évaluation

Total : ... / 32 points

Dico-mémento

4D Fabrique ton dico-mémento et contrôle ce que tu sais avec ton voisin ou ta voisine !

4E Organise ton projet !

Projet — Jeu de devinettes

1. Fabrique un petit carnet.

2. Dessine.

3. Ecris.

4. Joue avec un(e) camarade !

37

Dans le volcan

1A

Complète !

Livre de l'élève p. 44
GP p. 78

| le matin | à midi | l'après-midi | le soir |

..............., je mange des frites et du poulet : j'adore !

Et ...., je mange un peu de poisson, c'est bon ! ....,
je mange des tartines avec du beurre et de la confiture au petit déjeuner.

..............., après l'école, je mange un pain au chocolat.

Moi, ..., au petit déjeuner, je mange des céréales.
.... je mange un sandwich ! Après l'école, ...,
je mange une pomme et une banane. Et ...., je mange une salade et du fromage !

1B

Ecris !

Livre de l'élève p. 44
GP p. 78

| j'ai | tu as | il (elle) a | nous avons | vous avez | ils (elles) ont |

manger → mangé   jouer → joué   regarder → regardé
écouter → écouté   visiter → visité   oublier → oublié

Aujourd'hui, je mange de la glace, mais hier *j'ai mangé* un gâteau.

Aujourd'hui, tu joues de la guitare, mais hier .... de la flûte.

Aujourd'hui, nous visitons un château, mais hier ....
un musée.

Aujourd'hui, ils regardent un film, mais hier..................................
un match de football.

Aujourd'hui, vous écoutez une chanson, mais hier..................................
une histoire.

Aujourd'hui, elle oublie son parapluie, mais hier..................................
ses lunettes.

2A

Complète !

Livre de l'élève p. 45
GP p. 80

Hier, (marcher) *j'ai marché* jusqu'à la mer.

Dans la mer, (chercher) .... un trésor mais (trouver) .... des cailloux et des coquillages !

Avec les cailloux, (jouer) .... dans l'eau et (jongler) .... avec les coquillages.

Après, (manger) .... mon sandwich et (écouter) .... la chanson de la mer.

L'après-midi, (sauter) .... dans les vagues, puis (nager) .... et (bronzer) .... sur le sable.

Le soir, (regarder) .... les étoiles et (rêver) .... de la Lune.

Ah, (oublier) .... ma collection de coquillages sur la plage !

2B

Ecris les mots !

Livre de l'élève p. 45
GP p. 80

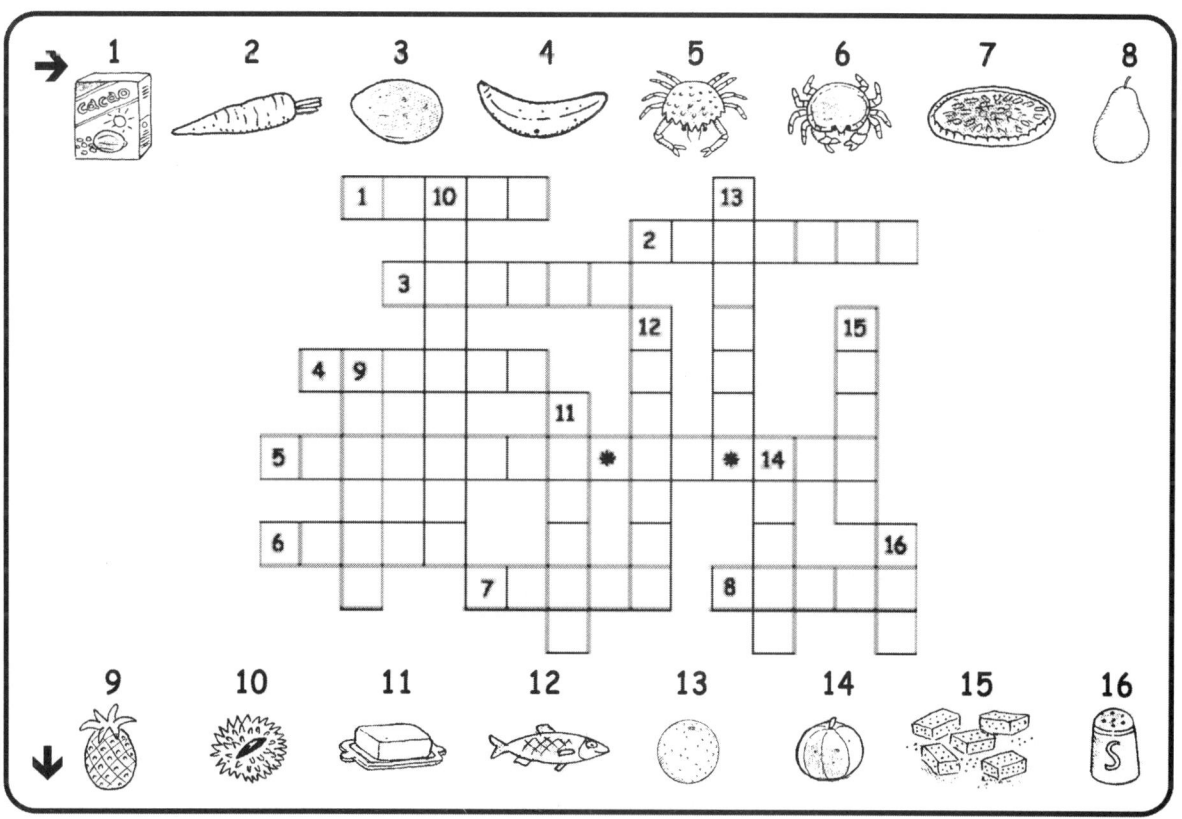

3A

Lis, dessine et colorie !

Livre de l'élève p. 46
GP p. 82

Voilà un volcan près de la mer.

Devant le volcan, il y a une plage de sable jaune et la mer est bleu-vert. Le volcan est marron.

À droite, il y a de grands arbres verts et violets.

Le volcan se réveille. Des pluies de pierres rouges et noires retombent autour du cratère.

Des nuages de gaz gris et bleus s'échappent du volcan et des cascades de lave orange et rouges descendent vers la mer.

Le spectacle est magnifique !

3B

Interviewe tes camarades !

Livre de l'élève p. 46
GP p. 82

Prénom	Trouve quelqu'un qui...
	a déjà mangé des mangues.
	a trouvé un coquillage.
	a grimpé jusqu'au sommet d'une montagne.
	a nagé dans une rivière.
	a pêché des poissons.
	a soigné un chat ou un chien malade.
	a visité un musée.
	a exploré une grotte.
	a déjà pique-niqué sur l'herbe.
	a aimé cette interview !

Unité 10 — Leçon 4

Prononciation

marché	☐	magique	☐
chaud	☐	rouge	☐
acheté	☐	plage	☐
châtaigne	☐	jongler	☐
s'échapper	☐	déjeuner	☐
cherché	☐	plongée	☐

Score : … / 12

Virelangue :
J'ai cherché des châtaignes au marché !
J'ai jonglé sur la plage et puis j'ai plongé !

Score : … / 4

4A Ecoute et répète !

4B Ecoute et répète le virelangue ! GP p. 84

Test

1 2 3 4 5 6
7 8 9 10 11 12

1 Hier, qu'est-ce que tu as fait le matin ?   2 Qu'est-ce que tu as fait l'après-midi ?
....
3 Et à midi, qu'est-ce que tu as mangé ?   4 Et le soir, qu'est-ce que tu as fait ?
....

Score : … / 20

4C Ecris les mots ! Puis réponds aux questions !

Auto-évaluation

Total : … / 36 points

Dico-mémento

4D Fabrique ton dico-mémento et contrôle ce que tu sais avec ton voisin ou ta voisine !

Projet — Mon livre de la nature

Prends des feuilles, et des feutres.

Dessine.

Ecris.

Fabrique ton livre.

4E Organise ton projet !

Galerie de portraits

1A

Ecris !

Livre de l'élève p. 48
GP p. 86

j'ai	tu as	il (elle) a	nous avons	vous avez	ils (elles) ont

écrire → écrit   construire → construit   dire → dit   faire → fait
être → été   avoir → eu

Aujourd'hui, j'écris une petite histoire, mais *j'ai écrit* un roman d'aventures !

Aujourd'hui, elles font un voyage à Paris. Mais ……………………… le tour du monde.

Aujourd'hui, il est écrivain. Mais ……………………… acteur.

Aujourd'hui, vous dites « non ». Mais ……………………… « oui » hier !

Aujourd'hui, nous construisons une piscine. Mais ……………………… une école.

Aujourd'hui, tu as chaud, il fait du soleil. Mais hier, ……………………… froid !

1B

Prépare la grille pour ton voisin, ta voisine !

Livre de l'élève p. 48
GP p. 86

des pièces de théâtre – des romans sur la nature – la tour Eiffel – journaliste et mime – des spectacles – des lettres à sa fille – des machines – un tableau de la vie de la cour – clown – des romans d'aventures

	Vrai	Faux
Molière a écrit ……………………… pour le roi Louis XIV.	☐	☐
Il a aussi écrit ……………………… pour les fêtes de la cour.	☐	☐
Madame de Sévigné a écrit ………………………	☐	☐
Ses lettres sont comme ………………………	☐	☐
Jules Verne a écrit ………………………	☐	☐
Ses héros ont souvent inventé ………………………	☐	☐
Gustave Eiffel a construit ………………………	☐	☐
Colette a écrit ………………………	☐	☐
Elle a aussi été ………………………	☐	☐
Achille Zavatta a été ……………………… au cirque.	☐	☐

Lis et entoure le mot correct !

Livre de l'élève p. 49
GP p. 88

L'explorateur aime la nature et adore **des / (les)** aventures. Il a **construire / construit** une machine géniale pour **faire / fait** le tour du monde.
Il a **voyagé / voyager** jusqu'à **la / en** Chine.
Il a traversé beaucoup **de / des** déserts. Il a **explorer / exploré** des forêts hantées.
Il a **fait / faire** de la plongée dans les lagons.
Il a grimpé **sur / sous** un volcan.
Il a marché **sur / dans** la jungle et il a **pêche / pêché** des piranhas dans les rivières. Il a chassé le caribou et **l'ours blanc / le blanc ours** dans le Grand Nord.
Il a soigné des **crocodiles malades / des malades crocodiles** et des requins.
Il n'a vraiment peur de **quelque chose / rien** !

Lis la lettre de Vampirello !

Puis recopie-la !

Livre de l'élève p. 49
GP p. 88

Ma fille Ratatia a de grands yeux, de jolies dents et des cheveux blonds. Elle déteste Zoé parce qu'elle est jalouse ! Mais Ratatia n'est pas méchante. Elle est aussi très courageuse : au Cambodge, elle a joué avec un éléphant féroce !
Ma fille est très intelligente : elle a organisé un voyage extraordinaire autour du monde. Au Liban, elle a écrit les lettres de l'alphabet phénicien et en Guyane, elle a travaillé dans un centre spatial ! Et puis, nous avons construit un sous-marin sensationnel, le Nautilus. Bien sûr, Ratatia a inventé des parfums et des bonbons dégoûtants, mais elle est géniale, non ?
Et puis... c'est ma fille !

Vampirello

3A

Lis et mets le bon numéro !

Livre de l'élève p. 50
GP p. 90

- [ ] Il a de petits yeux, une grande bouche, un petit nez et des cheveux blonds.
- [ ] Il a une petite bouche, un grand nez, de petits yeux et des cheveux bruns.
- [ ] Il a un grand nez, de grands yeux, une grande bouche et des cheveux blonds.
- [ ] Il a des cheveux bruns, de grands yeux, une petite bouche et un petit nez.

3B

Présente-toi !

Puis envoie ta lettre à ton correspondant ou ta correspondante !

Livre de l'élève p. 50
GP p. 90

Bonjour .... !

Je suis...

- [ ] timide
- [ ] doux
- [ ] gentil
- [ ] rigolo
- [ ] génial
- [ ] douce
- [ ] gentille
- [ ] rigolote
- [ ] géniale

J'ai les cheveux...

- [ ] noirs
- [ ] bruns
- [ ] blonds
- [ ] roux
- [ ] ....

J'ai les yeux...

- [ ] noirs
- [ ] marron
- [ ] verts
- [ ] bleus
- [ ] ....

Mes yeux sont...

- [ ] petits
- [ ] moyens
- [ ] grands

Ma bouche est...

- [ ] petite
- [ ] moyenne
- [ ] grande

Mon nez est...

- [ ] petit
- [ ] moyen
- [ ] grand

Voilà mon portrait à droite !

Et toi ? Comment es-tu ? Timide ? Génial(e) ? Courageux (courageuse) ?

Au revoir, à bientôt !

....

Unité 11 LEÇON 4

Prononciation

explorateur ☐	désert ☐		
acteur ☐	cratère ☐		
ingénieur ☐	rivière ☐		
intérieur ☐	imaginaire ☐		
danseur ☐	extraordinaire ☐		

Score : ... / 10

Virelangue :
Un explorateur, un ingénieur et un acteur... sont dans le désert, au bord d'un cratère, c'est extraordinaire !

Score : ... / 6

4A Ecoute et répète !

4B Ecoute et répète le virelangue ! GP p. 92

Test

(12 images numérotées 1–12)

1 .... 2 .... 3 .... 4 .... 5 .... 6 ....
7 .... 8 .... 9 .... 10 .... 11 .... 12 ....

1 Tu connais un acteur français (ou une actrice) ? 2 Tu connais un clown français ?
....
3 Tu connais un écrivain français (homme ou femme) ? 4 Tu connais un peintre français ?
....

Score : ... / 20

4C Ecris les mots ! Puis réponds aux questions !

Auto-évaluation

Total : ... / 36 points

Dico-mémento

4D Fabrique ton dico-mémento et contrôle ce que tu sais avec ton voisin ou ta voisine !

Projet — Ma galerie de portraits

1 Prends une feuille et des feutres. 2 Dessine. 3 Ecris. 4 Compare avec tes camarades !

4E Organise ton projet !

45

En ballon

1A

Réponds !

Livre de l'élève p. 52
GP p. 94

Qu'est-ce que tu ne fais jamais ? Quelquefois ? Souvent ? Toujours ?

arriver en retard   écouter de la musique   regarder la télévision   jouer au football   parler français   travailler   dormir en classe   faire la cuisine   lire   faire du sport   aller au cinéma   faire des tours de magie, etc.

ne... jamais

Je n'oublie jamais mon anniversaire !

.... !

.... !

quelquefois

.... !

.... !

souvent

.... !

.... !

toujours

.... !

.... !

1B

Complète !

Livre de l'élève p. 52
GP p. 94

~~on vient~~   on rit   on écoute   on peut   on parle   on aime   on chante

Dans le parc national, **nous venons** voir les lions, les crocodiles, les éléphants. **Nous** ne **pouvons** pas les chasser, ils sont protégés ! Sous le baobab, **nous parlons** souvent de la famille, **nous rions** avec les amis. **Nous écoutons** les musiciens et **nous chantons** avec eux. **Nous aimons** cet arbre : c'est le plus beau des géants !

Dans le parc national, *on vient* voir les lions, les crocodiles, les éléphants. ..... ne .... pas les chasser, ils sont protégés ! Sous le baobab, ... souvent de la famille, ... avec les amis. .... les musiciens et .... avec eux. .... cet arbre : c'est le plus beau des géants !

Ecris et compare avec ton voisin, ta voisine !

Livre de l'élève p. 53
GP p. 96

L'arbre le plus gros, c'est le *baobab*.
L'animal le plus beau, c'est le (la) ....
La couleur la plus jolie, c'est le ....
La matière scolaire la plus rigolote, c'est le (la, les) ....
Le métier le plus dangereux, c'est ....
Le sport le plus rapide, c'est le (la) ....
Le passe-temps le plus intelligent, c'est ....
Le parfum le plus doux, c'est le parfum du (de la, des) ....
La montagne la plus dangereuse, c'est le ....
L'acteur (l'actrice) le (la) plus célèbre, c'est ....
Le champion (la championne) le (la) plus extraordinaire, c'est ....
Le cadeau le plus magnifique, c'est un (une) ....

Paysages

Tu vois ce lion ? - Oui, c'est un beau lion !
Tu vois cet arbre ? - Oui, c'est un bel arbre !
Tu vois cette rivière ! - Oui, c'est une belle rivière !
Tu vois ces papillons ? - Oui, ce sont de beaux papillons !
Tu vois ces fleurs ? - Oui, ce sont de belles fleurs !

Réponds d'après le modèle !

Livre de l'élève p. 53
GP p. 96

Tu vois ce paysage ? – ....
..................!

Tu vois cet ours ? – ....!

Tu vois cette aurore boréale ? – ....
..................!

Tu vois ces phoques ? – ....
..................!

Tu vois ces montagnes ? – ....
..................!

3A

Complète !

Livre de l'élève p. 54
GP p. 98

- Je suis allé à la ville en voiture.
- Je suis passé devant le magasin de jouets.
- Je suis entré pour acheter un cadeau pour Ratafia.
- Je suis un peu resté au café pour boire un jus de tomate.
- Puis je suis remonté au château.
- Je suis arrivé en retard pour le déjeuner !

- Moi, je suis allée à la ville en taxi.
- Je suis .... devant la pâtisserie.
- Je suis .... pour acheter des gâteaux pour Ratafia.
- Après, je suis .... dans la pâtisserie pour manger un gâteau.
- Puis je suis .... au château.
- Moi aussi, je suis .... en retard pour le déjeuner !

3B

Lis et écris les numéros !

Livre de l'élève p. 54
GP p. 98

☐ Elles sont sorties.
☐ Ils sont sortis.

☐ Ils sont descendus.
☐ Elles sont descendues.

☐ Elles sont remontées.
☐ Ils sont remontés.

☐ Ils sont partis !
☐ Elles sont parties !

Unité 12 LEÇON 4

Prononciation

sur	☐	sous	☐
dessus	☐	dessous	☐
descendu	☐	tout à coup	☐
nature	☐	tour	☐
aventure	☐	toujours	☐

Score : ... / 10

Virelangue :
Il est descendu tout à coup… et tout était sens dessus dessous !

Score : ... / 4

4A Ecoute et répète !

4B Ecoute et répète le virelangue ! GP p. 100

Test

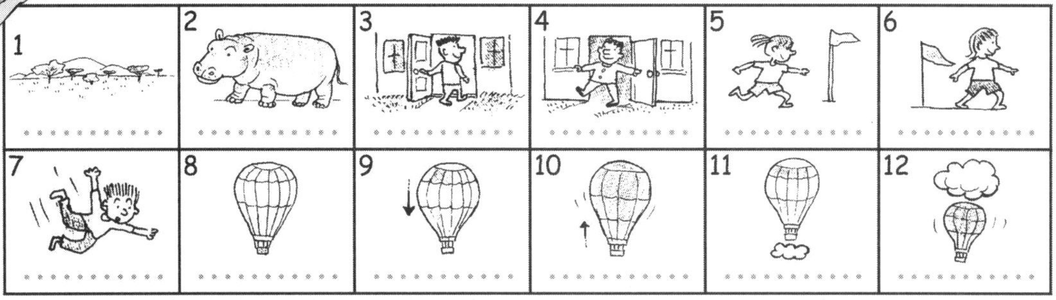

1 Tu vas à l'école à pied ? A vélo ? En voiture ? En bus ? En rollers ? En taxi ?

2 Tu arrives en retard ? Jamais ? Quelquefois ? Souvent ? Toujours ?

Score : ... / 16

4C Ecris les mots !

Puis réponds aux questions !

Auto-évaluation

Total : ... / 30 points

Dico-mémento

4D Fabrique ton dico-mémento et contrôle ce que tu sais avec ton voisin ou ta voisine !

Projet — Mon journal

1 Prends un cahier ou un carnet.

2 Ecris.

3 Dessine.

4 Fais lire ton journal !

4E Organise ton projet !

Le palais

1A

Regarde le livre de l'élève page 58 et trouve les questions !

Livre de l'élève p. 58
GP p. 102

Où est Paris ?
Paris est en France.
Quand partir à Paris ?
En été !

.... ?

Pour la fête du 14 juillet.

.... ?

Les musées, les magasins et les monuments célèbres.

.... ?

Les gens !

.... ?

Peut-être toutes les langues du monde ?

.... ?

En avion, en bateau, en train, en bus ou en voiture.

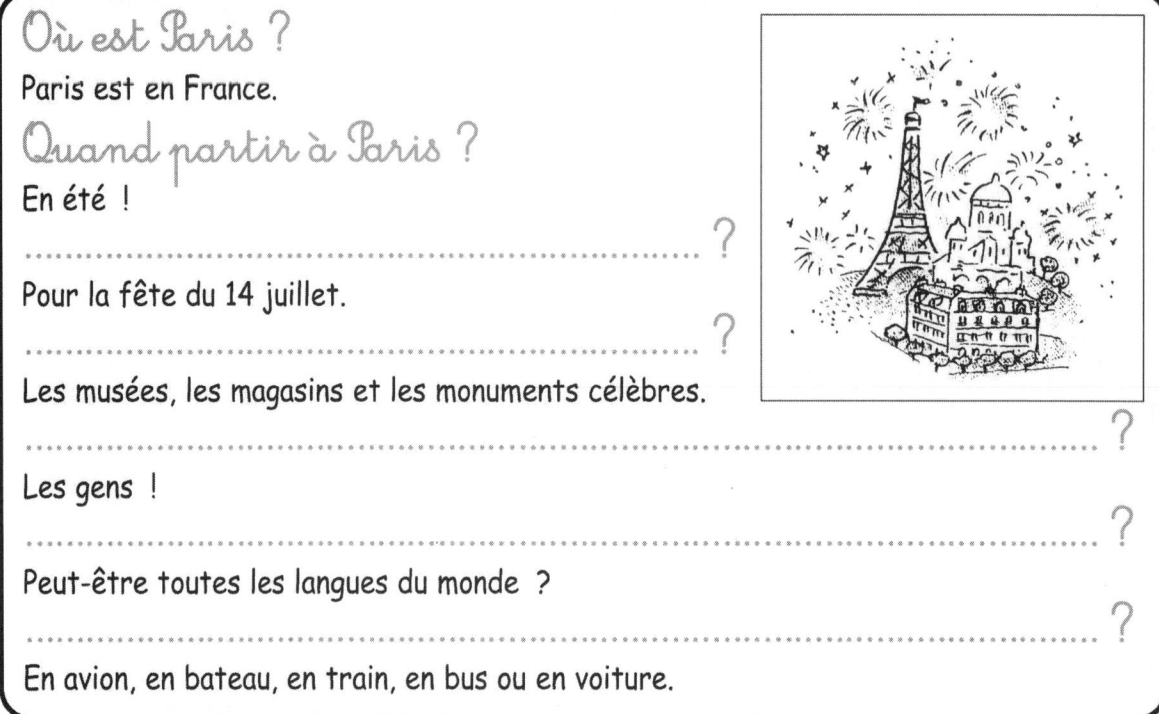

1B

Maintenant réponds aux questions sur ton pays !

Ajoute une question !

Dessine !

Livre de l'élève p. 58
GP p. 102

Où est ton pays ?
.... est ....

Quand partir ?
....

Pourquoi ?
....

Que voir ?
....

Qui voir ?
....

Combien de langues sont parlées ?
....

Comment aller dans ton pays ?
.... ?
....

50

Transforme les questions !

Livre de l'élève p. 59
GP p. 104

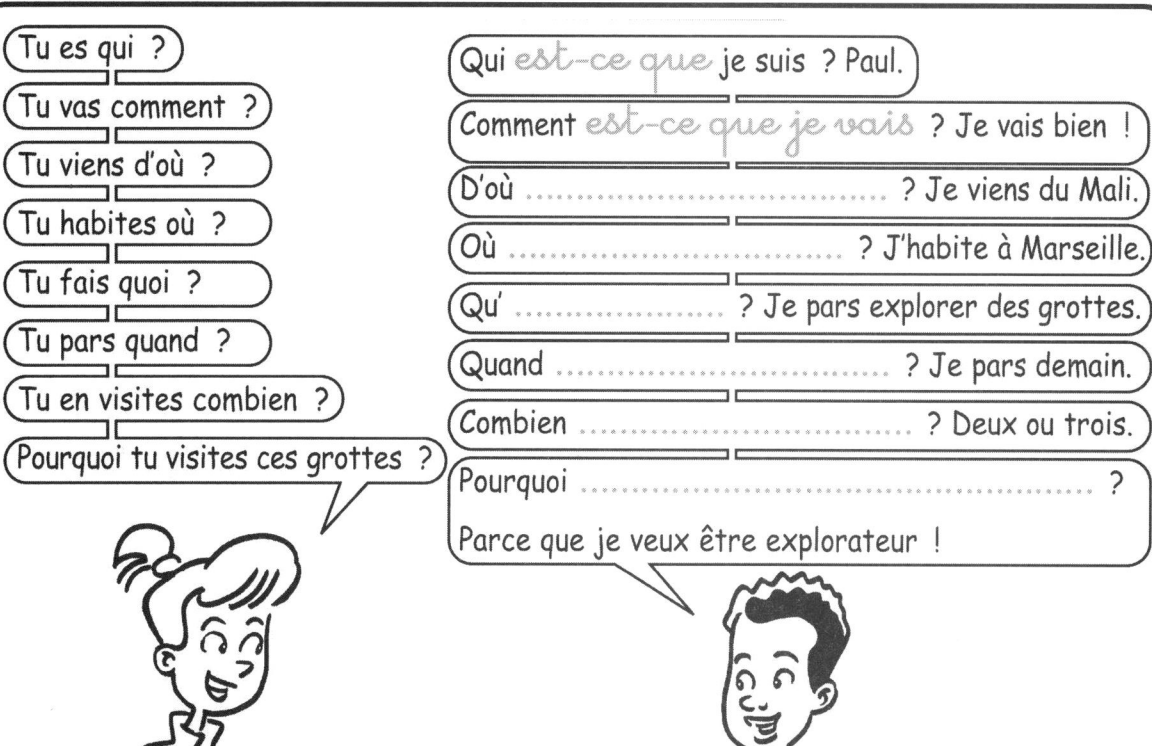

Ecris les questions !

Livre de l'élève p. 59
GP p. 104

Unité 13 LEÇON 3

Ecris les mots !

Livre de l'élève p. 60
GP p. 106

| la porte | la fenêtre | le plafond | le mur | la table | le coussin | le sofa |
| le tapis | la lampe | le verre | la cour | la fontaine | l'arbre | les fleurs |

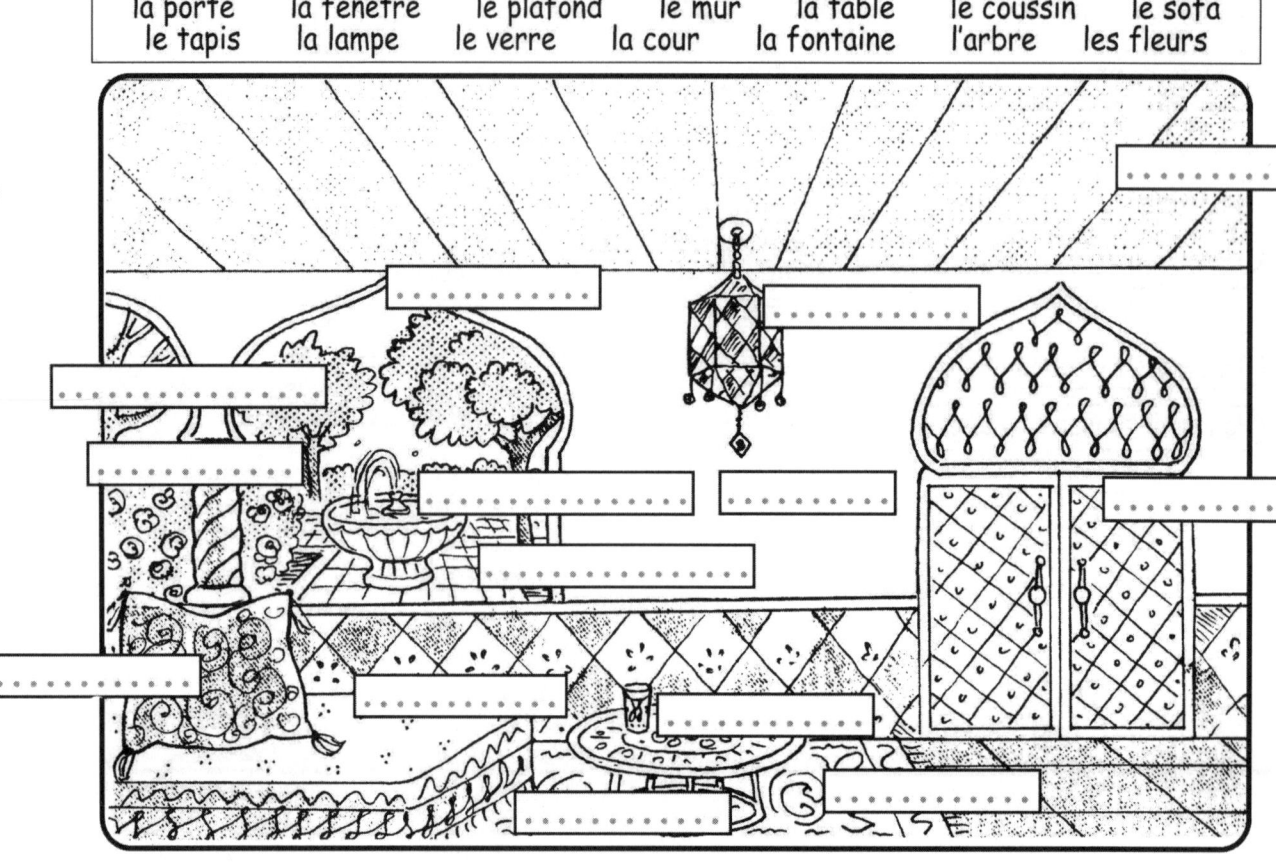

Complète les tableaux !

Livre de l'élève p. 60
GP p. 106

~~entends~~ entend entendons entends entendent entendez
~~vends~~ vends vendent vend vendez vendons
~~prenons~~ prennent prenez prends prend prends
~~apprennent~~ apprenez apprends apprenons apprends apprend

entendre	vendre	prendre	apprendre
J'*entends*	Je	Je	J' ....
Tu	Tu *vends*	Tu	Tu ....
Il	Elle	Il	Elle ....
Nous	Nous	Nous *prenons*	Nous ....
Vous	Vous	Vous	Vous ....
Ils	Elles	Ils	Elles *apprennent*

Unité 13 – LEÇON 4

Prononciation

- nord ☐   chaud ☐
- Maroc ☐   bateau ☐
- automne ☐   jaune ☐
- carotte ☐   gâteau ☐
- soleil ☐   gauche ☐
- forêt ☐   rose ☐

Score : ... / 12

Virelangue :
Au Maroc, dans un bateau jaune, sous le chaud soleil d'automne !

Score : ... / 4

4A Ecoute et répète !

4B Ecoute et répète le virelangue ! GP p. 108

4C Ecris les mots !

Test

Score : ... / 18

Auto-évaluation

Total : ... / 34 points

Dico-mémento

4D Fabrique ton dico-mémento et contrôle ce que tu sais avec ton voisin ou ta voisine !

4E Organise ton projet !

Projet — Mon pays

Fabrique un petit carnet.

Dessine.

Ecris.

Compare avec tes camarades !

A la télé

Relie les phrases aux pendules !

Livre de l'élève p. 62
GP p. 110

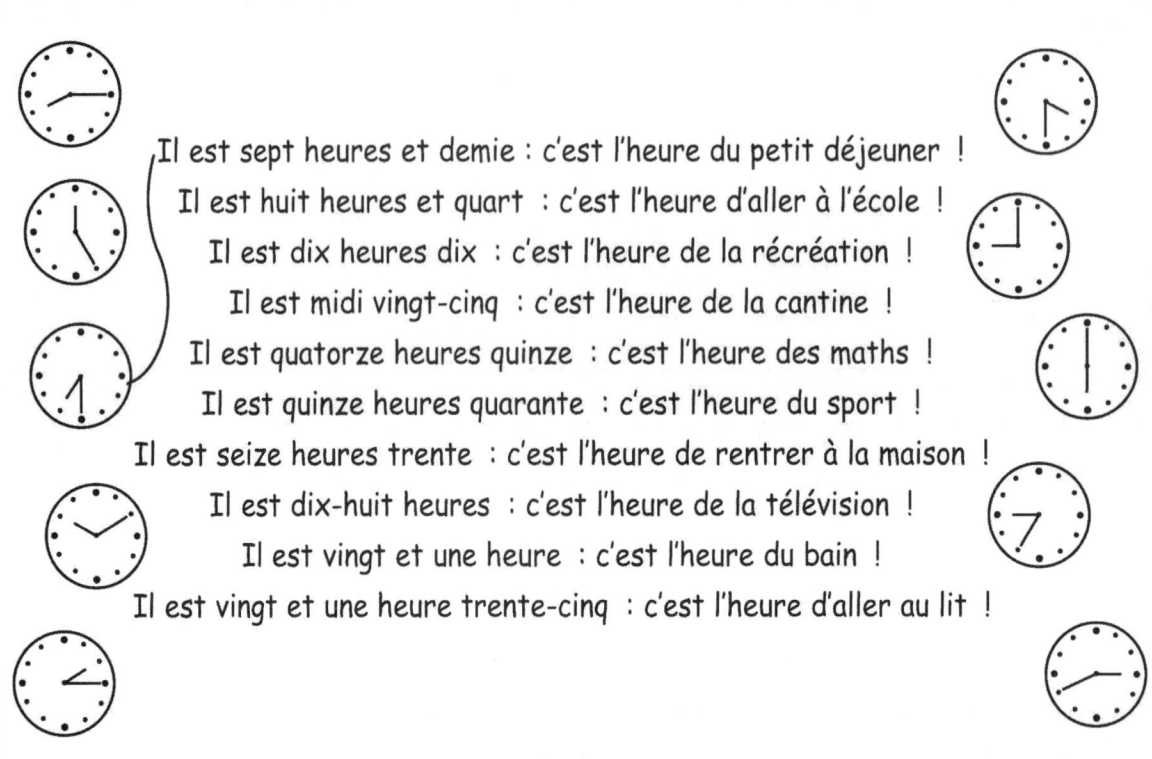

Il est sept heures et demie : c'est l'heure du petit déjeuner !
Il est huit heures et quart : c'est l'heure d'aller à l'école !
Il est dix heures dix : c'est l'heure de la récréation !
Il est midi vingt-cinq : c'est l'heure de la cantine !
Il est quatorze heures quinze : c'est l'heure des maths !
Il est quinze heures quarante : c'est l'heure du sport !
Il est seize heures trente : c'est l'heure de rentrer à la maison !
Il est dix-huit heures : c'est l'heure de la télévision !
Il est vingt et une heure : c'est l'heure du bain !
Il est vingt et une heure trente-cinq : c'est l'heure d'aller au lit !

Prépare la grille !

Puis joue avec ton voisin, ta voisine !

Livre de l'élève p. 62
GP p. 110

Un jeu de devinette

se lever en retard	avoir envie de dormir	faire du sport
se dépêcher pour aller à l'école	regarder la télé jusqu'à minuit
oublier d'apprendre ses leçons	adorer faire la cuisine

| quelquefois | souvent | toujours | ne ... jamais |

	Vrai	Faux
Le lundi, *tu te lèves souvent en retard* !	☐	☐
Le mardi, tu ....!	☐	☐
Le mercredi, tu ....!	☐	☐
Le jeudi, tu ....!	☐	☐
Le vendredi, tu ....!	☐	☐
Le samedi, tu ....!	☐	☐
Le dimanche, tu ....!	☐	☐

Qu'est-ce qu'il y a à la télé ?

| ~~un dessin animé~~ | un documentaire | un film comique | un jeu |
| un film d'aventures | un film fantastique | le journal | du sport |

un dessin animé ....

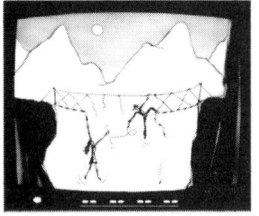   

....

Ecris !

Livre de l'élève p. 63
GP p. 112

Qu'est-ce que tu préfères regarder à la télévision ?
Tu préfères les dessins animés ? Les jeux ? Les divertissements ? ...

Programmes	Moi	Prénom	Prénom
les dessins animés			
les jeux			
les divertissements			
les documentaires			
les films d'aventures			
les films comiques			
les films fantastiques			
le journal			
le sport			
autre :			

Réponds par oui ou non !

Puis interroge deux camarades !

Livre de l'élève p. 63
GP p. 112

3A

Complète !

Livre de l'élève p. 64
GP p. 114

| notre | votre | leur | nos | vos | leurs |

A et Z : C'est .... télé !

R : .... télé ? Non, c'est ma télé !

M : C'est .... télé !

R : Non, c'est ma télé !

A et Z : Ce sont .... photos !

R : .... photos ? Ce sont mes photos !

M : Ce sont .... photos !

R : Non, ce sont mes photos !

3B

Ecris les mots !

Livre de l'élève p. 64
GP p. 114

➡
1 s - o r t
2 d o c - - - - - a - r -
3 f - l - * c o - i - - e
4 d i v - - t - s s - - e - t
5 d - - - i n * - - i m -
6 j e - x
7 l o i s i r s (= *passe-temps*)
8 s - f a
9 s - l - c t - o n

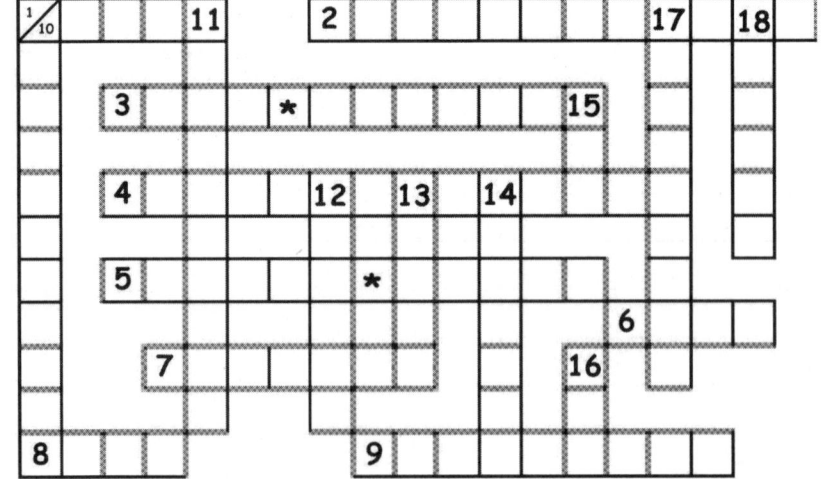

⬇
10 - c - - r o u m - f -
11 - e - - - - - - - n
12 - i - t - n
13 - t - r -
14 é p i s o d e (= *aventure*)
15 - t -
16 l i -
17 - v e - t u - - s
18 - i g - l -

Unité 14 – LEÇON 4

Prononciation

dessin	☐	désert	☐
Marseille	☐	musique	☐
lancer	☐	fusée	☐
célèbre	☐	zéro	☐
sous-marin	☐	invisible	☐
traverse	☐	banquise	☐

Score : ... / 12

Virelangue :
La célèbre fusée est lancée du désert !
Invisible, le sous-marin traverse la banquise !

Score : ... / 4

4A Ecoute et répète !

4B Ecoute et répète le virelangue ! GP p. 116

Test

1. 2. 3. 4. 5. 6.
7. 8. 9. 10. 11. 12.

1 Tu regardes souvent la télévision ? Tous les jours ? Combien de temps ?

....

2 Quels sont tes programmes de télévision préférés ?

....

Score : ... / 16

4C Ecris les mots !

Puis réponds aux questions !

Auto-évaluation

Total : ... / 32 points

Dico-mémento

4D Fabrique ton dico-mémento et contrôle ce que tu sais avec ton voisin ou ta voisine !

Projet — Mes programmes préférés

1 Prends un magazine de télévision, une paire de ciseaux et de la colle.

2  Découpe.

3  Colle.

4  Compare avec tes camarades !

4E  Organise ton projet !

57

Le retour

1A

Découvre le code !

Puis écris le texte !

Livre de l'élève p. 66
GP p. 118

☺ = ...	Le voyage de Mortadella, Vampirello et Ratafia est
❖ = ...	presque fini. Et il s'est presque bien passé. Ils
♣ = ...	ont reçu une invitation : ils sont invités a un
❀ = ...	bal au château de Versailles ! Ils vont retrouver
⌛ = ...	Croquetout, Mamie, Alex et Zoé. Le château de
☆ = ...	Versailles est très célèbre. C'était au début une
	résidence de chasse des rois de France. Mais
	le roi Louis XIV a construit un très grand palais
	avec de beaux jardins et des fontaines. Mialore,
	acteur et écrivain, a joué avec ses amis devant
	le roi et il a écrit des spectacles pour les fêtes de
	la cour a Versailles. Le château est aussi célèbre
	pour la galerie des Glaces : c'est une très grande
	salle avec beaucoup de miroirs.

2A

Complète !

Livre de l'élève p. 67
GP p. 120

| nouveau | nouvel | nouvelle | nouveaux | nouvelles |

Croquetout a inventé de .... recettes de cuisine.

Alex a commencé une .... collection de cailloux et de coquillages.

Il va regarder de .... dessins animés à la télévision.

Mamie a trouvé un .... ami : c'est un éléphant !

Zoé veut lire un .... roman : « L'homme invisible ! »

Mortadella a mis une .... robe pour le bal au château.

Ratafia va construire un .... sous-marin, plus beau que le Nautilus !

Elle a aussi écrit un .... alphabet.

Vampirello va acheter de .... parfums à Paris.

Et Pustule a envie de vivre de .... expériences !

VOTRE PROGRAMME DU SAMEDI

MARCHÉ DU SAMEDI 9.00-19.30 : Spécial « Antilles » : ananas, mangues, cacao !

ZOO 10.00-20.00 : Un bébé hippopotame et sa maman vous attendent !

CINÉMA COSMOS 19.00 : « Le retour de la momie », film fantastique

THÉÂTRE DE LA COMÉDIE 19.30 : « Le Malade imaginaire » de Molière

MUSÉE 10.00-19.30 : Exposition « Gauguin et les tableaux de Tahiti »

CIRQUE D'HIVER 18.00-20.30 : Venez voir les ours blancs et les phoques !

GRAND THÉÂTRE 19.00 : « Nouvelles musiques du monde », concert

BAL DU SAMEDI 18.00-23.00 avec l'orchestre des « Schtroumpfs »

TÉLÉVISION : TF1 - 19.00 Sport : Judo
France 2 - 19.05 « En ballon », film d'aventures
France 3 - 18.45 « 100 questions », jeu

Regarde bien le programme !

Puis cache le programme et réponds aux questions !

Livre de l'élève p. 67
GP p. 120

Le trésor du château a été volé aujourd'hui samedi entre 19 heures et 20 heures !
Tu as un alibi ?

Tu étais au musée ? Tu as regardé quels tableaux ?
....

Tu étais au cinéma ? Pour quel film ?
....

Tu étais au marché ? Qu'est-ce que tu as acheté ?
....

Tu étais au cirque ? Tu as vu quel spectacle ?
....

Tu as regardé la télévision ? Quel programme ?
....

Tu étais au théâtre ? Qu'est-ce que tu as vu ?
....

Tu étais au concert ? Qu'est-ce que tu as entendu ?
....

Tu étais au zoo ? Tu as vu quel animal ?
....

Tu étais au bal ? Avec quel orchestre ?
....

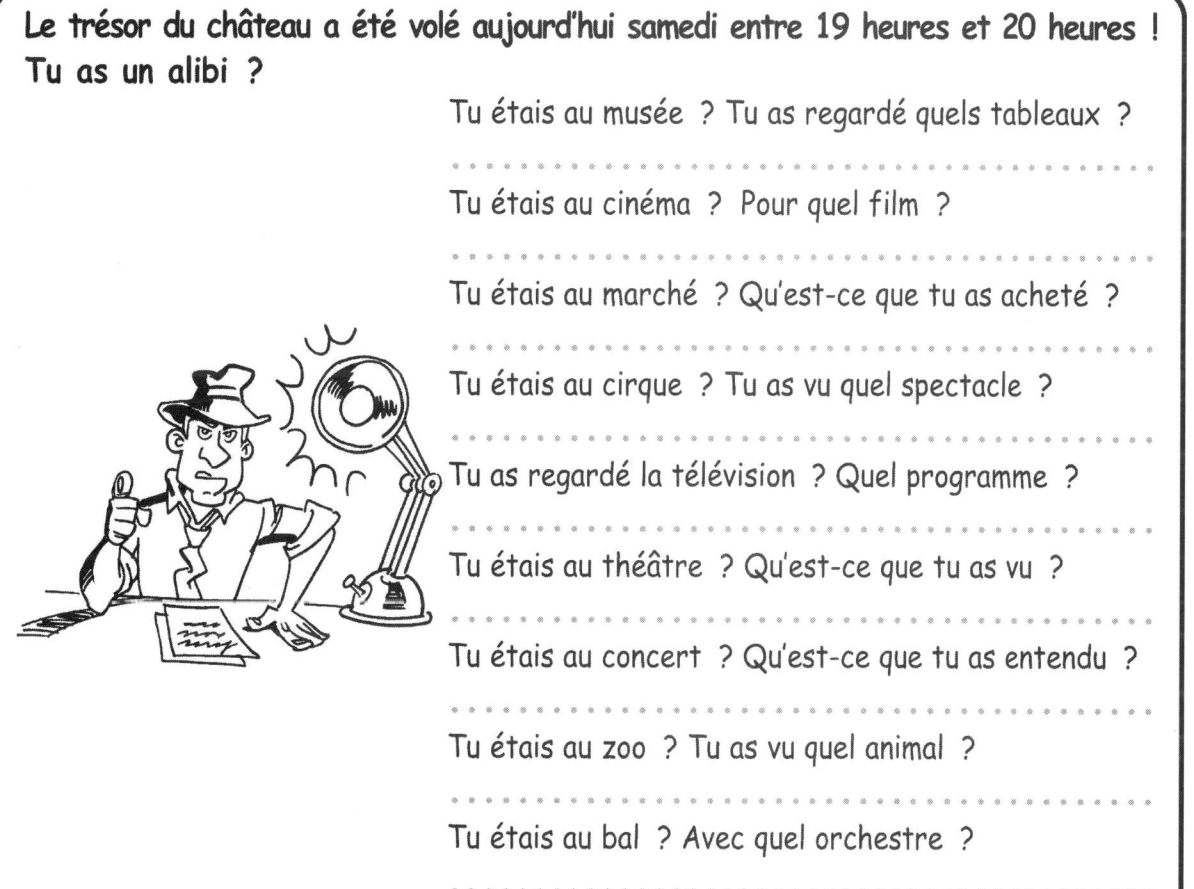

Unité 15 - LEÇON 3

Ecris une lettre à ton correspondant ou à ta correspondante !

Livre de l'élève p. 68
GP p. 122

........................, le ....

Bonjour .... !

Je m'appelle .... J'ai ...... ans.

Je viens de .... J'habite à ....

Dans mon pays, il y a

des ...., des .... et des ....

Je parle ☐ un peu ☐ beaucoup ☐ pas du tout le français.

Je suis plutôt .... et ....

Je mesure .... mètre ....

Je pèse .... kilos.

Voici mes passe-temps préférés : ....

et aussi ....

Quelquefois je ....

Mes programmes préférés à la télévision : ....

et ....

Plus tard, je veux être ....

Pourquoi ? Parce que ....

Je vais te raconter ma journée d'école :

Je suis parti(e) à l'école à ...... heures ....

Je suis passé(e) devant .... et j'ai rencontré

.... Puis j'ai ....

et .... Je suis rentré(e) à la maison

à .... heures .... et j'ai ....

Et toi ? Parle-moi de toi, de tes passe-temps, de tes

programmes préférés, de ton école !

Au revoir !

....

Unité 15 — Leçon 4

Prononciation

- huile ☐ suivi ☐
- nuit ☐ bruit ☐
- parapluie ☐ fruit ☐
- construit ☐ ensuite ☐
- cuisine ☐ minuit ☐

Score : ... / 10

Virelangue :
Dans la nuit, à minuit, avec son parapluie, il l'a suivi sans bruit !

Score : ... / 4

4A Ecoute et répète !

4B Ecoute et répète le virelangue ! GP p. 124

Test

1. Tu préfères voyager ou être à la maison ?
2. Tu as aimé le voyage d'Alex et Zoé ?
3. Tu as préféré quelle aventure ?
4. Tu n'as pas aimé quelle aventure ?
5. Pourquoi Ratafia et ses parents sont invisibles dans les miroirs ?

Score : ... / 8   Score : ... / 10

4C Ecris les mots ! Puis réponds aux questions !

Auto-évaluation

Total : ... / 32 points

Dico-mémento

4D Fabrique ton dico-mémento et contrôle ce que tu sais !

Projet — Chez moi

1. Prends des feuilles et des feutres.

2. Dessine.

3. Ecris.

4. Fabrique un livre.

4E Organise ton projet !

Dico-memento

Unité 1

le château	le parc	les parents
présenter	la question	le balai
un peu	beaucoup	pas du tout

Unité 2

le monde	le tour du monde	idiot(e)
moche	jaloux, jalouse	gentil, gentille
intelligent(e)	timide	l'idée
génial(e)	le pays	le français
parler	hanté(e)	Bon voyage !

Unité 3

le désert	la cascade	la rivière
la plaine	bronzer	explorer
pêcher	être seul(e)	grimper
descendre	au nord	à l'est
à l'ouest	au sud	au centre
inventer	l'écriture	la lettre

Unité 4

le camembert	le beurre	la gaufre
le bœuf	la moutarde	l'escargot

63

Dico-mémento

la sardine	le cidre	l'olive
le melon	le pique-nique	la Normandie
le nord	la Bretagne	la Bourgogne
la Provence	venir	se promener

Unité 5

la jungle	le rhinocéros	le singe
l'oiseau	le ouistiti	féroce
magnifique	gros, grosse	rigolo(te)
doux, douce	magique	le temple

Unité 6

l'aquarium	se cacher	les coraux
les algues	le poisson volant	le fond
le sable	le crabe	l'étoile de mer
le coquillage	le requin	peser
1 kg un kilo	1000 kilos une tonne	mesurer
1 cm un centimètre	1m un mètre	faire de la plongée
l'île	le lagon	l'arbre
la fleur	le tableau	le peintre
les ciseaux	découper	le sous-marin

65

Dico-mémento

Unité 7

l'écharpe	le gant	l'anorak
le bonhomme de neige	la raquette de neige	le traîneau à chiens
la vitesse	1km un kilomètre	rapide
la motoneige	le rafting	fatigant
le hockey sur glace	l'hiver	la banquise
le caribou	le phoque	l'aurore boréale

Unité 8

le cadeau	le parfum	le savon
la cigogne	la marionnette	la châtaigne
le bonbon	le nougat	le monument
célèbre	le volcan	l'Alsace
l'Auvergne	la Corse	le printemps
le premier	le deuxième	apporter

Unité 9

le perroquet	le piranha	la fusée
lancer	le satellite	l'acteur
la championne	le musicien	l'exploratrice
le magicien	la présentatrice	le vétérinaire

67

Dico-mémento

soigner	l'archéologue	le chimiste
l'astronaute	l'acrobate	le détective
la journaliste	la Terre	la Lune

Unité 10

le matin	à midi	l'après-midi
le soir	l'été	garder
le marché	l'ananas	la mangue
le cacao	l'intérieur	la lave
le feu	le cratère	le sommet
s'échapper	retomber	dangereux (-euse)

Unité 11

le roi	l'écrivain	la machine
construire	la danseuse	le cirque
courageux (-euse)	organiser	suivre
extraordinaire	l'espion	le cheval

Unité 12

la savane	l'hippopotame	protéger
le baobab	beau, belle	plonger
s'enfuir	entrer	sortir
arriver	partir	tomber

Dico-mémento

le ballon	descendre	remonter
la nacelle	dessus	dessous

Unité 13

le palais	l'automne	voir
cher, chère	long, longue	pratique
les devoirs	la porte	le plafond
le mur	goûter	le salon
le sofa	le coussin	le verre
s'asseoir	la fontaine	la rose
épais (se)	servir	invisible

Unité 14

le dessin animé	le cow-boy	le film d'aventures
le jeu	le divertissement	le documentaire
le film comique	le journal	le film fantastique
le sport	la star	l'hélicoptère

Unité 15

le retour ≠ le départ	rentrer ≠ partir	finir ≠ commencer
inviter	le jardin	le miroir
heureux (-euse)	retrouver	la recette
nouveau, nouvelle	le squelette	la course

Édition : Martine Ollivier
Couverture : Fernando San Martín
Illustration de couverture : Jean-Claude Bauer

Maquette intérieure : Planète Publicité
Illustrations : Jean-Claude Bauer
 Ariane Lacan
 Isabelle Rifaux
 Volker Theinhardt

Imprimé en Italie par Grafica Veneta S.p.A. en mars 2019
N° d'éditeur 10245318 - Dépôt légal : avril 2019

Exercices grammaticaux complémentaires

 **Le tutoiement et le vouvoiement**

Tu ou *vous* ? Souligne à chaque fois la phrase correcte !

1 – Bonjour monsieur ! **Vous allez bien ? / Tu vas bien ?**

2 – Oui, merci et vous ? **Tu vas bien ? / Vous allez bien ?**

3 – Ça va, merci ! Et toi... **Tu t'appelles comment ? / Vous vous appelez comment ?**

4 – Je m'appelle Léo. Et vous, **vous vous appelez comment ? / Et toi, tu t'appelles comment ?**

5 – Oh, oh ! **Vous avez un enfant très gentil ! / Tu as un enfant très gentil !**

6 – Tiens ! **Tu veux un bonbon ? / Vous voulez un bonbon ?**

 **Les prépositions devant les noms de pays**

Regarde l'exemple et écris !

(la France) Tu habites *en France* ?

1 (le Maroc) Non, j'habite ……………………………… !

2 (l'Égypte) Je vais en vacances ……………………………… .

3 (l'Iran) J'ai aussi des amis ……………………………… .

4 (le Québec) Moi, j'habite ……………………………… !

5 (la Guyane) Et je vais en vacances ……………………………… .

6 (le Cambodge) J'aimerais bien aller ……………………………… !

 **Le pluriel**

Regarde les exemples et écris les phrases au pluriel !

À côté de chez moi, il y a une rivière. *À côté de chez nous, il y a des rivières.*

J'aime pêcher dans la rivière. *Nous aimons pêcher dans les rivières.*

1 Il y a aussi une grotte. ……………………………… .

2 Tu aimes explorer la grotte ? ……………………………… ?

3 Moi, j'adore ! ……………………………… !

4 Le touriste préfère la plage. ……………………………… .

5 Mais moi, j'aime bouger ! ……………………………… !

6 Et toi, tu as envie de marcher ? ……………………………… ?

7 Ici, il y a une grande forêt. ……………………………… .

8 Dedans, il y a une cascade ! ……………………………… !

Unité 4 — ne ... pas de, ne ... plus de, beaucoup de ...

Réponds aux questions avec **ne ... pas de**, **ne ... plus de** ou **beaucoup de (d')** ... !

1 Il y a des déserts en France ?

Non, ...

2 Il y a des pommes en Normandie ?

Oh oui, ... !

3 Il y a encore des pirates en Bretagne ?

Non, ...

4 Il y a des escargots en Bourgogne ?

Oui, ... !

Unité 5 — La place de l'adjectif épithète

Regarde l'exemple, puis remets les mots dans l'ordre et relie au bon dessin !

rigolo / petit / un / oiseau → *un petit oiseau rigolo*

1 papillon / blanc / joli / un

....

2 grande / une / timide / girafe

....

3 une / triste / tortue / grosse

....

4 féroce / poisson / un / petit

....

Unité 6 — L'accord de l'adjectif épithète

Entoure le mot correct !

1 Dans la jungle, il y a des araignées **géante / géantes**. Elles sont **féroces / féroce**…

2 Il y a aussi des poissons **volante / volants** : ils sont **gentil / gentils** ou **méchants / méchant** ?

3 Regardez ces papillons **orange / oranges** et **bleues / bleus** !

4 Voilà une fleur **blanche / blanc** et **rouge / rouges** : comme elle est **joli / jolie** !

5 Vous voyez aussi ces singes **marrons / marron** ? Ils sont **rigolo / rigolos** !

6 Et ces oiseaux **violet / violets**, **jaunes / jaune** et **rose / roses** ? Ils sont très beaux !

7 Il y a aussi un crocodile **verte / vert** et **noir / noire** : il est **magnifique / magnifiques** !

8 Attention aux serpents **citron / citrons** et **brun / bruns** : ils sont **dégoûtantes / dégoûtants** !

Unité 7 — Les adjectifs possessifs *mon*, *ma*, *mes* ; *ton*, *ta*, *tes* ; *son*, *sa*, *ses*

Regarde les images et complète !

1 – C'est t............ écharpe ?

– Oui, c'est m............ écharpe !

2 – C'est .... bonnet ?

– Oui, c'est .... bonnet !

3 C'est .... anorak ?

– Non, c'est .... anorak !

4 – Ce sont .... gants ?

– Non, ce sont .... gants !

5 – C'est .... casquette ?

– Non, c'est .... casquette !

Unité 8 — L'adjectif interrogatif *quel, quelle, quels, quelles ?*

Complète les questions !

C'est ton anniversaire ?!

1 – Tu as .... âge ? – J'ai 9 ans !

2 – Tu veux .... cadeau ? – Je veux des fleurs !

3 – Tu veux .... fleurs ? – Je veux des roses !

4 – Tu ne veux pas de jouets ? – .... jouets ?

5 – Ou une écharpe ? – Oui, de .... couleur ?

6 – Ou une surprise ! – D'accord, ... surprise ?

Unité 9 — Les noms de métier au masculin et au féminin

Regarde l'exemple et écris !

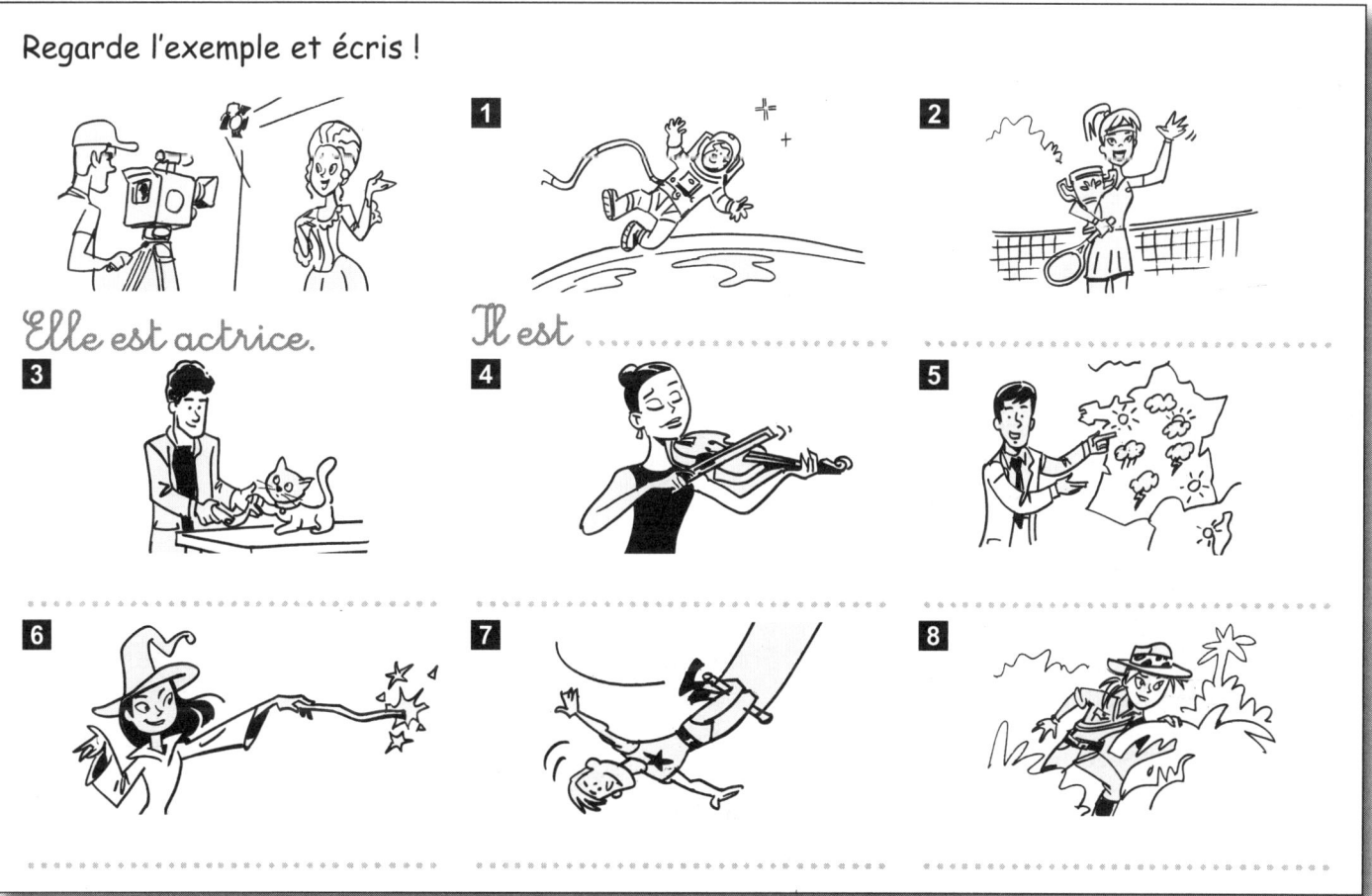

Elle est actrice.

Il est ....

Unité 10 — Le passé composé avec *avoir* des verbes du 1er groupe

Regarde l'exemple et complète !

Hier, (inventer) *j'ai inventé* une nouvelle recette pour « la tarte aux pommes » !

(Acheter) .... de la farine, des œufs, du lait,

mais (oublier) .... les pommes !

(Trouver) .... une araignée dans la farine.

Alors, (laisser) .... la farine et (mélanger)

.... les œufs et le lait avec du sel ! (Verser)

.... les œufs et le lait dans une poêle. Après (retourner)

.... la « tarte ». (Manger) .... ma « tarte »

et (adorer) .... ! Comment ?? Ça s'appelle une « omelette » ?!

Unité 11 — Le passé composé avec *avoir* des verbes du 1er et du 3e groupe

Regarde l'exemple et écris !

Hier, (inventer) *j'ai inventé* un nouvel instrument de musique !

Regardez : (dessiner) .... le plan !

D'abord, (prendre) .... un tube.

Après, (faire) .... des trous.

Ensuite, (construire) .... un « chapeau »

sur mon instrument. Enfin, (écrire) .... de la musique

et (jouer) .... : (adorer) ....!

Comment ?? Ça s'appelle une « flûte » ?!

Unité 12 — Le passé composé des auxiliaires et le passé composé avec *être*

Regarde les exemples et complète !

Hier, (sortir) *je suis sorti* : (aller) .... à la piscine. (Rester) .... une heure et (avoir) .... froid. (Repartir) .... à la maison et (être) .... malade !

Hier, (aller) *je suis allée* au cinéma. (Rester) .... deux heures dans cette salle et (avoir) .... trop chaud. (Repartir) .... à la maison et (être) .... malade !

Unité 13 — Les mots interrogatifs *combien, comment, où, pourquoi, quand, quoi* ?

Complète chaque question par un des mots !

1 Bonjour ! Vous faites .... ? – Je cherche des trésors !

2 Vous cherchez .... ? – Dans les lagons !

3 Vous trouvez ces trésors .... ?

– Je fais de la plongée !

4 .... vous cherchez des trésors ?

– Parce que j'aime les pierres et les diamants !

5 Vous avez trouvé .... de trésors ? – Un !

6 Vous avez trouvé ce trésor .... ? – Il y a 10 ans !

Unité 14 — Les adjectifs possessifs *notre*, *nos* ; *votre*, *vos* ; *leur*, *leurs*

Regarde les images et complète !

1 – C'est v................ chien ?

– Oui, c'est n................ chien !

2 – C'est .... mascotte ?

– Oui, c'est .... mascotte !

3 – Ce sont .... chaussures ?

– Oui, ce sont .... chaussures !

4 – Ce sont .... maillots ?

– Non, ce sont .... maillots !

5 C'est .... trophée ?

– Non, c'est .... trophée !

Unité 15 — L'utilisation des prépositions *à*, *au* ou *en*

Complète !

1 – Je suis partie ...... vacances avec mon frère ...... 2010.

2 – Nous sommes partis ...... juillet ...... Espagne.

3 – Nous avons voyagé ...... train jusqu'...... Madrid.

4 – Après, nous sommes partis ...... bus ...... Salamanque.

5 – Ensuite, nous sommes allés ...... Portugal ...... vélo !

6 – Nous avons aussi marché ...... pied. Et nous sommes rentrés ...... France ...... voiture avec nos parents !

On s'entraîne pour le DELF Prim A1.2+ !

Nom : .... Prénom : ....

Unités 1 à 5 **1**

Compréhension de l'oral (25 points)

Activité 1 (9 points)

Regarde d'abord les dessins des trois pique-niques ! Puis écoute **Kim**, **Sunti** et **Mekhala** et écris leur prénom sous les dessins. Tu as deux écoutes !

....

Activité 2 (6 points)

Écoute l'interview de Julia, la star de cinéma ! Puis coche les cases « vrai », « faux » ou « ? » (je ne sais pas) ! Tu as deux écoutes !

1 Julia a une fille de six ans.	☐ vrai	☐ faux	☐ ?
2 Sa fille a un chien.	☐ vrai	☐ faux	☐ ?
3 Julia aime faire du bateau.	☐ vrai	☐ faux	☐ ?
4 Son bateau s'appelle *Lara*.	☐ vrai	☐ faux	☐ ?
5 Julia filme des animaux menacés.	☐ vrai	☐ faux	☐ ?
6 Elle fait le tour du monde.	☐ vrai	☐ faux	☐ ?

Activité 3 (10 points)

Lis d'abord les noms des pays ! Puis écoute cette émission de radio sur la francophonie et coche les noms de pays entendus ! Tu as deux écoutes !

1 la Belgique	☐	5 le Laos	☐	9 le Québec	☐
2 la Bulgarie	☐	6 le Liban	☐	10 la Roumanie	☐
3 l'Égypte	☐	7 le Mali	☐		
4 le Gabon	☐	8 le Maroc	☐		

Compréhension des écrits (25 points)

Activité 1 (6 points)

Lis la lettre de Paul et coche les activités qu'il pratique !

> Bonjour !
> Dans mon pays, il y a beaucoup de paysages : à l'est, il y a la mer et des plages. C'est super, j'adore nager ou rêver sous les étoiles, mais bronzer, ça non !
> Il y a aussi des rivières : je n'aime pas pêcher, mais j'aime bien regarder les poissons dans l'eau. Il y a aussi des cascades et des grottes à explorer. C'est super ! Au sud, il y a des forêts avec des écureuils, des renards et des cerfs. Marcher et voir les animaux dans la forêt, c'est génial ! Il y a aussi des ours, mais ils sont timides, on ne les voit pas. Moi, aller à la chasse à l'ours ? Jamais !
> Au nord, il y a des montagnes. Je fais du ski, mais je ne fais pas d'escalade : je n'aime pas grimper, j'ai trop peur...
> Paul

Paul...

1 bronze. ☐	**5** fait du cheval. ☐	**9** joue au tennis. ☐
2 va à la chasse. ☐	**6** fait de l'escalade. ☐	**10** marche. ☐
3 explore des grottes. ☐	**7** fait du ski. ☐	**11** nage. ☐
4 fait du bateau. ☐	**8** fait du vélo. ☐	**12** pêche. ☐

Activité 2 (6 points)

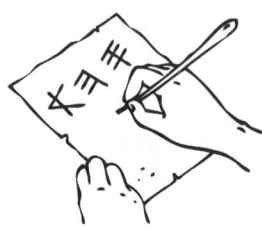

A

B

C

Lis le texte et associe chaque paragraphe à la bonne image !

Écritures et alphabets

1 Il y a plus de 5 000 ans en Mésopotamie (au sud de l'actuel Irak), les Sumériens inventent l'écriture. C'est *l'écriture cunéiforme* : les signes ont la forme de *coins* ou de *clous*. Les Sumériens écrivent avec un roseau (ou *calame*) sur des tablettes d'argile.

2 En Égypte, l'écriture est très différente. Il y a des signes-images : ils représentent un objet. Il y a aussi des signes qui représentent un son. Ce sont des *hiéroglyphes*.

3 En Phénicie (l'actuel Liban), il y a 3 000 ans, on remplace les dessins par des lettres. Les Phéniciens inventent 22 lettres et écrivent sur du papyrus ou de la pierre. L'alphabet grec et l'alphabet latin viennent de l'alphabet phénicien.

Activité 3 (6 points)

Lis ce message et choisis la bonne liste de courses pour Barunka !

À : *Tous mes amis*
CC :
Objet : *Pique-nique*

Bonjour les amis,

Demain, on va pique-niquer en forêt ! J'apporte un melon et du fromage. Vous, vous apportez du pain, du beurre, de la viande ou du poisson, des frites et des boissons ! D'accord ? Ah ! J'apporte aussi une tarte et du cidre ! À demain !

Barunka !

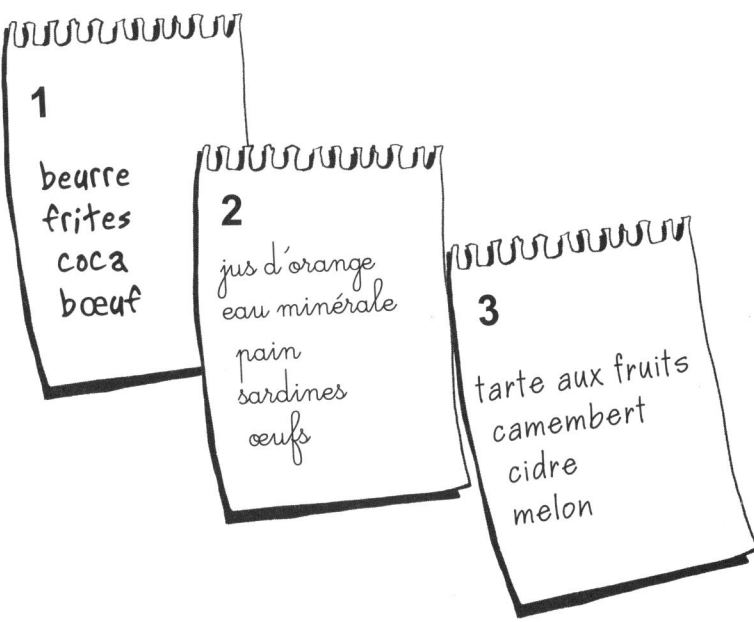

1. beurre, frites, coca, bœuf
2. jus d'orange, eau minérale, pain, sardines, œufs
3. tarte aux fruits, camembert, cidre, melon

Activité 4 (7 points)

Lis le journal de Bob Laventure, le grand explorateur, et réponds aux questions !

Vendredi 14

Je suis dans la jungle au Cambodge. Je vois des singes sauter d'arbre en arbre. Un petit singe joue au ballon avec un fruit ! Dans les arbres, il y a aussi des jolis papillons bleus. J'écoute chanter les insectes et les oiseaux. Voilà des oiseaux rouges, jaunes et verts très bavards !

Dans les herbes, des serpents dorment au soleil. Je vois aussi des araignées géantes. Attention, elles sont féroces ! Des petits poissons dansent dans la rivière. Qu'est-ce que c'est ? Un crocodile ? Il sort de la rivière. Mais un tigre arrive. Il était caché dans les herbes. Le tigre a soif, il vient boire ! Le crocodile n'a pas envie de lui dire bonjour et il s'en va.

La jungle est magnifique et il y a tellement d'animaux à découvrir !

1 Dans quel pays est Bob Laventure ?

2 Fais une liste de tous les animaux que Bob voit et écoute dans la jungle !

3 Quels animaux sont féroces ?

4 Quels animaux sont gentils ?

5 Quels animaux vivent dans les arbres ?

6 Quels animaux vivent dans la rivière ?

7 Quels animaux vivent dans les herbes ?

Production écrite (25 points)

Activité 1 (9 points)

Écris ta « fiche d'identité » ! **1** Écris ton nom. **2** Écris comment tu te vois : *grand(e), petit(e), timide, gentil(le), intelligent(e), génial(e) ; souvent fatigué(e), malade, fâché(e), méchant(e), jaloux / jalouse, rigolo(te),* etc. **3** Écris ce que tu aimes, ce que tu adores et ce que tu détestes faire !

Je m'appelle ....
Je suis ...., ... et .... !
J'aime ....
et j'aime aussi .... !
J'adore ....
et j'adore aussi .... !
Je déteste ....
et je déteste aussi .... !

Activité 2 (16 points)

Complète !

Dans la région du Nord, il y a des .... avec des « géants ». On mange des .... et des .... !

En Bourgogne, on mange du ...., de la .... et des .... !

En Bretagne, on ne trouve plus de .... sur la mer, mais on trouve du .... et des .... !

En Normandie, il y a du ...., du .... et des .... !

Et en Provence ? Il y a de l'........................, des ...., du .... et des .... : eux aussi, ils aiment le soleil !

Production orale (25 points)

Activité 1 (10 points)

Parle de la géographie de ton pays !

> Dans ton pays…
>
> Il y a des rivières, des fleuves ? Cite le nom d'une rivière ou d'un fleuve de ton pays !
>
> Il y a des montagnes ? des plaines ? des plateaux ? Ils sont au nord ? au sud ? à l'est ? à l'ouest ?
>
> Il y a des déserts ? des forêts ? des plages ? Tu vas t'y promener ?

Activité 2 (7 points)

Ton professeur « cache » l'image d'un animal de la jungle ! Pose-lui des questions pour découvrir de quel animal il s'agit !

> Il est méchant ? Il est gentil ? Il est intelligent ? Il est timide ? Il est rigolo ? etc.
>
> Il mange de la viande ? du poisson ? des graines ? des fruits ? etc.
>
> Il chante ? Il vole ? Il grimpe ? Il court ? Il saute ? etc.

Activité 3 (8 points)

Raconte ce que tu as envie de faire pendant tes vacances !

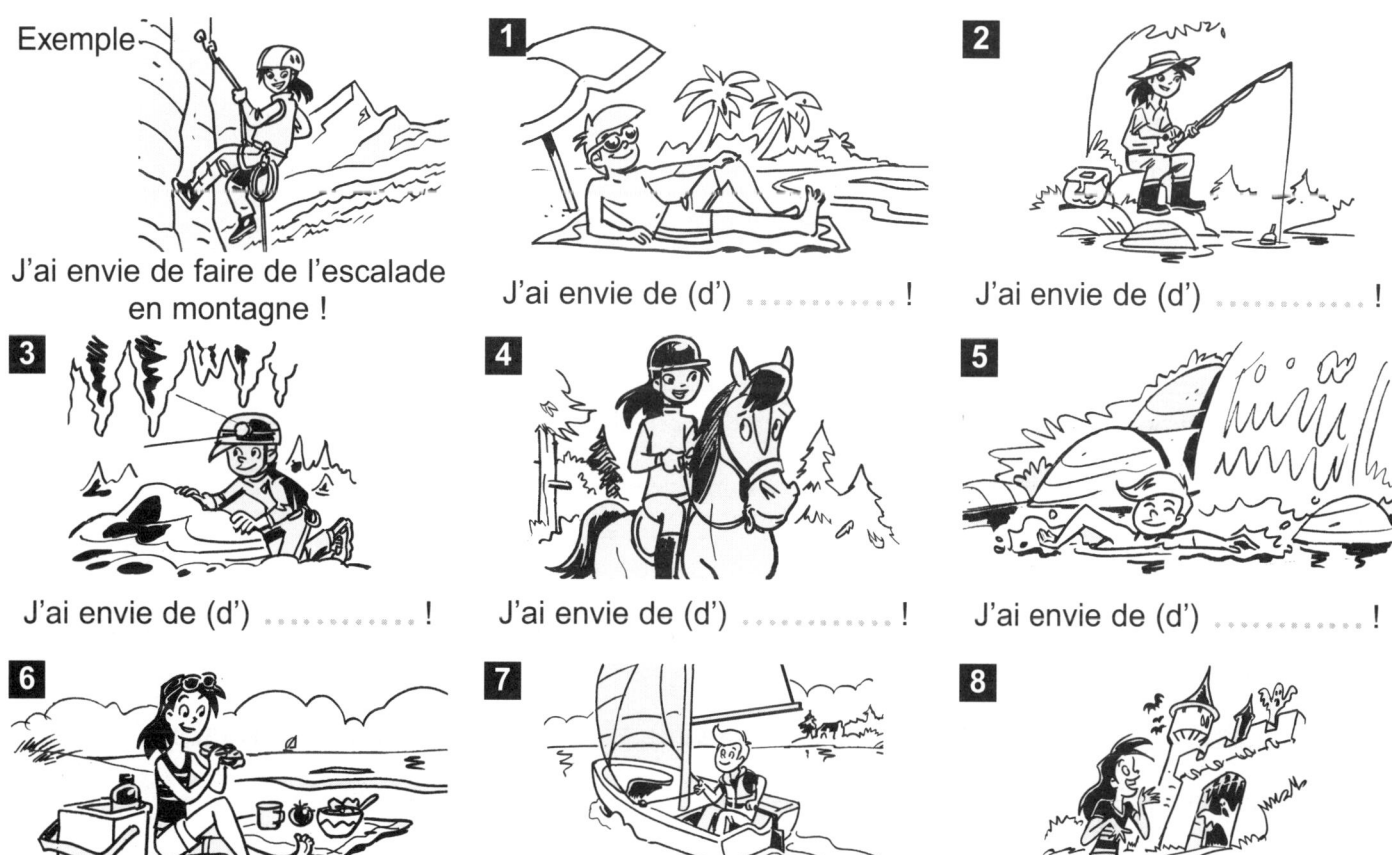

Exemple : J'ai envie de faire de l'escalade en montagne !

1. J'ai envie de (d') …………… !
2. J'ai envie de (d') …………… !
3. J'ai envie de (d') …………… !
4. J'ai envie de (d') …………… !
5. J'ai envie de (d') …………… !
6. J'ai envie de (d') …………… !
7. J'ai envie de (d') …………… !
8. J'ai envie de (d') …………… !

On s'entraîne pour le DELF Prim A1.2+ !

Nom : .... Prénom : ....

Unités 6 à 10 2

Compréhension de l'oral (25 points)

Activité 1 (6 points)

Écoute et colorie les vêtements d'Amalia et de Gaston (ou note sur les vêtements la première lettre du nom de la couleur : « v » pour vert, « b » pour bleu, « r » pour rouge, « m » pour marron, « j » pour jaune, « n » pour noir et « g » pour gris) ! Tu as deux écoutes !

Activité 2 (8 points)

Voici une émission de radio sur les métiers que veulent faire des enfants ! Écoute et coche à chaque fois la bonne case ! Lis d'abord les phrases ! Tu as deux écoutes !

☐ Samia n'a pas encore d'idées.	☐ Jamal voudrait être journaliste.
☐ Samia veut être magicienne.	☐ Jamal veut être explorateur.
☐ Benjamin aimerait être archéologue.	☐ Marguerite voudrait être astronaute.
☐ Benjamin veut être professeur d'histoire.	☐ Marguerite veut être actrice ou acrobate.

Activité 3 (11 points)

Lis d'abord les mots ! Puis écoute la guide de l'aquarium *Océanopolis* et coche les mots entendus ! Tu as deux écoutes !

1 l' (les) algue(s)	☐	**5** le (les) dauphin(s)	☐	**9** le (les) requin(s)	☐
2 le (les) coquillage(s)	☐	**6** l'herbe	☐	**10** le sable	☐
3 les coraux	☐	**7** l' (les) oiseau(x)	☐	**11** la (les) tortue(s)	☐
4 le (les) crabe(s)	☐	**8** le (les) poisson(s)	☐		

Compréhension des écrits (25 points)

Activité 1 (9 points)

Lis le texte et relie les tailles et les poids aux dessins des animaux !

Tailles et poids d'animaux

L'animal le plus gros et le plus lourd est la baleine bleue : elle pèse jusqu'à 135 tonnes et mesure 30 mètres de long environ.

L'animal le plus grand est la girafe : son cou mesure deux mètres et elle mesure six mètres de haut. Elle pèse entre 900 et 1 500 kilos.

L'éléphant d'Afrique, lui, mesure trois ou quatre mètres de haut et pèse six à sept tonnes. Le rhinocéros mesure deux mètres de haut et cinq mètres de long et il pèse deux tonnes.

L'animal (mammifère) le plus petit est la chauve-souris de Thaïlande : elle pèse deux grammes et mesure trois centimètres (quinze centimètres les ailes déployées).

Activité 2 (4 points)

Voilà un tableau d'après Paul Gauguin. Lis la description et colorie le tableau ! Tu as besoin d'un feutre (ou crayon) bleu foncé, jaune, marron, noir, rose, rouge, vert clair et vert foncé.

Regarde les deux jeunes filles sur la plage ! Une jeune fille a un corsage blanc (**1**), et une jupe rouge (**4**) et jaune (**5**). L'autre a une robe rose (**3**). Elles ont la peau brun clair (**2**) et les cheveux noirs. Devant elles, l'herbe est « vert pomme » (**6**). Elles sont assises sur du sable jaune (**5**). Au-dessus d'elles et derrière elles, il y a des feuilles ou des buissons verts (**6**). En bas à gauche, il y a une pierre marron (**7**) et à droite, il y a aussi un arbre marron (**7**). L'ombre de l'arbre et l'ombre dans la montagne sont bleu foncé (**8**). Le chemin et le ciel sont jaune clair (**9**). Il y a de hautes herbes vert clair (**10**) et un arbre vert foncé (**11**). Paul Gauguin aime bien les couleurs !

D'après P. Gauguin, *Sur la plage* (« Quand te maries-tu ? »), 1892

Activité 3 (6 points)
Lis ce texte sur les volcans et réponds « vrai » ou « faux » !

> Il y a des volcans sur la Terre, mais aussi sous la mer. Ils forment des montagnes ou des îles, avec au sommet, un cratère. Sous le volcan, il y a le *magma*, c'est-à-dire des roches en fusion. Il y a les « volcans rouges » avec des laves qui sortent du cratère et descendent sur les flancs du volcan comme des rivières.
>
> Il y a aussi les « volcans gris » avec des pluies de pierres et de cendres et des nuages de gaz. Beaucoup de volcans dorment, mais on compte 1 500 volcans terrestres actifs. Les volcans sous-marins actifs sont encore plus nombreux.
>
> En France, il y a des volcans endormis depuis longtemps dans la chaîne des Puys en Auvergne. Mais il y a des volcans qui se réveillent de temps en temps dans les Antilles, dans les îles du Pacifique ou sur l'île de la Réunion.

1 Les volcans sont des montagnes ou des îles avec un cratère. ☐ vrai ☐ faux
2 Le *magma* se trouve sous le volcan. ☐ vrai ☐ faux
3 Des pluies de pierres et de cendres s'échappent du « volcan rouge ». ☐ vrai ☐ faux
4 Un « volcan gris » est un volcan qui dort. ☐ vrai ☐ faux
5 Il y a beaucoup de volcans sous la mer. ☐ vrai ☐ faux
6 En France, tous les volcans sont actifs. ☐ vrai ☐ faux

Activité 4 (6 points)
Lis le texte et souligne les six intrus (mots ou phrases) !

Les sports d'hiver

En France, on peut faire du ski dans des montagnes comme les Alpes, les Pyrénées, le Massif Central, le Jura, les châteaux de la Loire et les Vosges. Il y a de plus en plus de surfeurs des neiges qui font du snowboard. On peut marcher dans la neige avec des rollers et avec des raquettes. On peut aussi nager dans des piscines à neige.

Beaucoup de stations de sports d'hiver proposent des randonnées en traîneaux à chats, en motoneige ou en bateau. Le hockey sur glace est né au Canada. Mais en France, on fait aussi du hockey sur glace dans des patinoires et des pâtisseries. On adore aussi faire de l'escalade dans les cascades de glace.

Production écrite (25 points)

Activité 1 (13 points)

Sur le modèle du texte présenté dans le livre page 32, leçon 3F, vante les merveilles de ton pays ou de ta région ! Décris ses paysages et ses spécialités !

Voilà mon pays (ma région) : .... !

Ses (son, sa) ....

....

....

.... !

C'est magnifique !

Activité 2 (12 points)

Ecris dans ton « blog » ce que tu as fait hier (ou un autre jour), le matin, à midi, l'après-midi et le soir !

1 Le matin, j'ai ....

et j'ai ....

2 À midi, j'ai ....

et j'ai ....

3 L'après-midi, j'ai ....

et j'ai ....

4 Le soir, j'ai ....

et j'ai ....

Quelle journée !

Production orale (25 points)

Activité 1 (9 points)

Dis ce que tu veux faire plus tard ! Explique pourquoi !

> Tu veux être vétérinaire ? Tu aimes les animaux ? etc.
>
> Tu veux être champion(ne) de football ? Tu aimes le sport ? etc.
>
> Tu veux être chimiste ? Tu aimes les sciences et les expériences ? etc.

Activité 2 (6 points)

Ton professeur « cache » l'image d'un « souvenir de France » ! Pose-lui des questions pour découvrir de quel souvenir il s'agit !

> C'est le souvenir d'une ville ? C'est le souvenir d'une région ?
>
> C'est un savon ? un parfum ? un fromage ? une poupée ? etc.
>
> C'est un monument de Paris ? C'est la photo d'un paysage ? etc.

Activité 3 (10 points)

Tu es en France, sur un marché de Provence ou des Antilles. Tu achètes à manger pour toi, ta famille et tes amis ! Aide-toi des illustrations !

> Bonjour ! S'il vous plait, je voudrais ... et ...
>
> Est-ce que vous avez des ... ?
>
> Je voudrais 500 grammes (une livre) de ... , un kilo de ... et deux kilos de ...
>
> Merci !

On s'entraîne pour le DELF Prim A1.2+ !

Nom : .... Prénom : ....

Unités 11 à 15 3

Compréhension de l'oral (25 points)

Activité 1 (8 points)

Écoute la biographie de Jules Verne et complète la grille ! Tu as deux écoutes !

Année de naissance :	.... : *De la Terre à la Lune*
Frère(s) : 1 – Sœur(s) :	1868 : Il achète un ....
Ami : .... Dumas	1873 : *Le .... des fourrures*
1863 : *Cinq semaines ....*	.... : *Le Château des Carpathes*

Activité 2 (9 points)

Antonio, **Manon** et **Edna** sont en vacances au Maroc ! Écoute-les et écris leur prénom sous chaque dessin ! Tu as deux écoutes !

....

Activité 3 (8 points)

Écoute la présentation de ces programmes de télévision et complète la grille ! Tu as deux écoutes !

TF1	France 2	France 3
17:00 *Michel Strogoff*, un	**16:00** *Dans ....*, un	**18:00** *Lucky Luke et ses amis*, un ....
20:50 *Star Academy*, un	**20:00** *Le ....*, et tout sur le	**22:45** *Dracula*, un ....

Compréhension des écrits (25 points)

Activité 1 (6 points)

Lis ce texte sur Georges Méliès et associe les phrases numérotées aux dessins !

> Georges Méliès (1861-1938) a commencé par faire des tours de magie dans un théâtre. Puis il a fait des films. Il a réalisé en 1905 le « Palais des mille et une nuits ».
>
> Au début du film, Aladin dort dans sa maison, mais un génie vient le réveiller **(1)**. Il le conduit dans une grotte mystérieuse au centre de la Terre. Là, Aladin trouve une lampe magique, une lampe « merveilleuse » **(2)**. Il se retrouve dans la jungle. Elle cache un palais fabuleux **(3)** ! Dans ce palais il y a des sofas, des tapis, des coussins et des fontaines magnifiques **(4)**. Aladin ouvre une armoire : dedans, il y a de l'or et des bijoux et Aladin devient riche et puissant **(5)** !
>
> Le film montre beaucoup de tours de magie : des squelettes dansent ; un serpent-dragon crache le feu **(6)** ; des fées se transforment en monstres... Georges Méliès est le premier « magicien du cinéma » !

Activité 2 (6 points)

Lis ce texte et réponds aux questions !

> La bande dessinée (ou BD) belge a créé beaucoup de personnages qui sont devenus célèbres, par exemple Tintin, Lucky Luke ou les Schtroumpfs.
>
> Tintin est un jeune reporter. Il a un chien qui s'appelle Milou : c'est un petit chien blanc, intelligent et courageux, mais aussi très gourmand (il aime bien manger) ! Le capitaine Haddock est le meilleur ami de Tintin.
>
> Lucky Luke est un cow-boy qui « tire plus vite que son ombre ». Il a un cheval, Jolly Jumper. C'est un cheval blanc, plein d'humour et « le plus rapide de l'Ouest » !
>
> Les Schtroumpfs sont des petits hommes bleus. Leur chef s'appelle le Grand Schtroumpf. Ils habitent un village dans la forêt. Leurs maisons sont des champignons.

1 Qui est Milou ?

2 Qui est le capitaine Haddock ?

3 Qui est Jolly Jumper ?

4 Qui sont les Schtroumpfs ?

5 Où est-ce qu'ils habitent ?

6 Dans quel pays sont nés ces personnages de BD ?

Activité 3 (6 points)

Lis ces publicités d'agences de voyage et associe-les aux affiches !

1 Venez admirer le plus beau et le plus gros des arbres, le géant de la savane africaine, le baobab !

2 Venez découvrir la magie de la savane d'Afrique ! Suivez de loin un groupe d'éléphants à la recherche de points d'eau !

3 Participez à un safari-photo dans la savane africaine et photographiez des lions, des crocodiles et des hippopotames !

Activité 4 (7 points)

Lis ce texte sur le parc et les jardins du château de Versailles et coche les cases « vrai » ou « faux » !

Versailles, c'est une ville à vingt kilomètres de Paris et c'est aussi un très grand château avec un immense parc et des jardins. Dans les jardins, le roi Louis XIV a construit des fontaines, une grotte décorée avec des coquillages et des bassins. Le plus grand est le *Grand Canal* qui mesure 1 500 mètres de long et 62 mètres de large. Sur *le Grand Canal*, ainsi que dans le parc et les jardins, Louis XIV a organisé des spectacles, des divertissements et des fêtes magnifiques. Il a aussi construit l'*Orangerie* pour abriter les orangers pendant l'hiver.

Dans le parc, en plus du château, il y a des monuments : le *Grand Trianon*, un palais construit par Louis XIV ; le *Petit Trianon* un palais plus petit construit par Louis XV ; et le *Hameau de la Reine*, un village avec des petites maisons et une ferme construit par la femme de Louis XVI, Marie-Antoinette. Il faut plusieurs jours pour visiter le château de Versailles, son parc cet ses jardins !

1 Versailles est une ville du sud de la France. ☐ vrai ☐ faux
2 Le roi Louis XIV a construit une grotte dans le parc de son château. ☐ vrai ☐ faux
3 Il a beaucoup aimé les fêtes et les divertissements. ☐ vrai ☐ faux
4 L'*Orangerie* est un bâtiment où on achète des oranges. ☐ vrai ☐ faux
5 Dans le parc, il y a des jardins et des fontaines mais aussi des monuments. ☐ vrai ☐ faux
6 Le *Hameau de la Reine* est un palais construit par la femme de Louis XIV. ☐ vrai ☐ faux
7 Le château de Versailles, son parc et ses jardins se visitent en deux heures. ☐ vrai ☐ faux

Production écrite (25 points)

Activité 1 (12 points)

Regarde l'exemple et transforme les phrases !

Exemple : Le baobab est un arbre. Il est très gros. → *Le baobab est le plus gros des arbres !*

1 Le vélo est un sport. Il est très fatigant. → ....

2 Le désert est un paysage. Il est très beau. → ....

3 Le piranha est un poisson. Il est très féroce. → ....

4 « Explorateur » est un métier. Il est très dangereux. → ....

5 Le français est une matière. Elle est très intéressante. → ....

6 Le bleu est une couleur. Elle est très belle. → ....

Activité 2 (13 points)

Pour décrire l'image, utilise les verbes *arriver, monter, entrer, rester, sortir* et *descendre* au passé composé avec l'auxiliaire *être* !

Exemple : *Je suis parti(e) pour le château hanté à 4h30.*

1 ....
2 ....
3 ....
4 ....
5 ....
6 ....

Production orale (25 points)

Activité 1 (8 points)

Raconte !

> Tu aimes lire ?
>
> Qu'est-ce que tu lis ? Des livres ? Des bandes dessinées ? Des magazines ? Des journaux ?
>
> Où est-ce que tu lis ? À l'école ? À la maison ? Dans le bus ? En voiture ?
>
> Donne le titre d'un livre ou d'une bande dessinée que tu as lus !

Activité 2 (10 points)

Explique !

> Il y a une ou plusieurs télévisions chez toi ?
>
> Tu regardes la télévision ?
>
> Tu la regardes tous les jours ? Le lundi ? Le mardi ? Le mercredi ? etc.
>
> Tu regardes la télévision combien d'heures par semaine ?
>
> Où est-ce que tu la regardes ? Dans ta chambre ? Dans la salle de séjour ? etc.
>
> Tu ne regardes pas trop la télévision ? Tu préfères surfer sur Internet ?
>
> Qu'est-ce que tu regardes (à la télévision ou sur Internet) ? Les films ? Les jeux ? Le sport ? Les divertissements ? Les documentaires ? Le journal ? etc.
>
> Cite des titres de films ou d'émissions que tu aimes bien :
>
> Le titre d'un film !
>
> Le titre d'un dessin animé !
>
> Le titre d'un documentaire !
>
> Le titre d'une émission de divertissement !
>
> Le titre d'une émission de jeu !
>
> Le titre d'une émission de sport !
>
> Etc.

Activité 3 (7 points)

Pose une question à ton professeur avec chacun des mots interrogatifs !

> Combien ? Comment ?
>
> Où ? Pourquoi ? Quand ?
>
> Qui ? Quoi (Qu'est-ce que) ?

Édition : Martine Ollivier, Virginie Poitrasson
Couverture : Fernando San Martin
Illustration de couverture : Jean-Claude Bauer

Maquette intérieure : Planète Publicité, A.M.G.
Illustrations : Jean-Claude Bauer
　　　　　　　　Ariane Lacan
　　　　　　　　Volker Theinhardt, Xavier Husson, Isabelle Rifaux

N° de project : 10304422
Imprimé en septembre 2024
Achevé d'imprimer en Italie par Grafica Veneta - Trebaseleghe